우리말처럼 쉽게 활용하는 일본어 **표현회화**

초판 1쇄 인쇄 | 2006년 7월 1일
초판 1쇄 발행 | 2006년 7월 5일

지은이 | 박은남
펴낸이 | 진성옥 · 오광수
펴낸곳 | 꿈과 희망
디자인 · 편집 | 박진형
마케팅 | 이복자 · 이창원
인쇄 | 보련각(김영선)
출판등록 | 제1- 3077호

주소 | 서울특별시 용산구 원효로 1가 119-9
전화 | 02)2681-2832
팩스 | 02)943-0935
http://www.dreamnhope.com
e-mail | jinsungok@empal.com

ISBN | 978-89-90790-60-6 13740
값 9,000 원
ⓒ Printed in Korea.

※ 잘못된 책은 바꾸어 드립니다.

박은남 지음

序文 (じょぶん) | 머리말

　　많은 사람들이 외국어를 공부할 때 일본어는 다른 언어보다 수월할 것이라고 생각한다. 일본이 지리적으로 가깝고 일본어의 어순이 우리말의 어순과 같기 때문이다.

　　그러나 막상 일본어 공부를 시작하면 어순이 같다는 이유만으로 결코 일본어를 쉽게 정복할 수 없다는 것을 깨닫게 된다. 공부를 하면 할수록 점점 더 어려워진다는 게 일본어를 공부하는 사람들의 공통된 생각이다. 더구나 일본 사람을 만났을 때 머리 속에서만 맴돌고 입으로 말이 나오지 않는 경우가 있다.

　　이것은 일본어를 살아 있는 생생한 회화 표현 자체로 익히지 못하고 단어로, 문법 공식으로 한국어 표현을 그대로 끼워 맞추기식으로 익힌 폐해인 것이다. 그럼 이런 문제를 어떻게 해결해야 할까? 가장 좋은 방법은 어린 아이가 말을 익히듯 원어민과 가깝게 지내면서 차근차근 모든 표현을 일본어로 익히는 것이다. 하지만 현실적으로 그런 학습법은 쉬운 일이 아니다. 그렇다면 대신 늘 가지고 다니면서 읽고 듣고 말할 수 있는 쉽고도 생생한 일본어회화 표현집을 선택해서 공부하는 것이 차선의 선택이 될 것이다.

　　이 책은 생활 속 여러 장면을 설정하여 "이럴 때 일본어로는 뭐라고 말하나?"라는 질문에 곧바로 답을 주는 교재이다. 일상 회화에서 실제로 많이 쓰이고 있는 생생한 일본어 표현을 모아 가득 담았다. 내용이 알차면서도 언제든 보기 편하도록 만들어 실용성도 높였다.

　이 책을 활용하는 것은 독자들 각자의 공부법에 달려 있다. 앞에서부터 차례로 읽어 가면서 도움이 될 만한 표현을 외워도 좋고, 제목을 먼저 보고 흥미롭거나 필요하다고 느껴지는 페이지부터 읽기 시작해도 좋다. 혹은 사전처럼 활용해서 필요할 때마다 필요한 대목만 발췌해서 읽어도 좋다. 어떻게 활용하든 가장 중요한 점은 소리를 내어 읽으라는 것이다.

　일본사람과의 대화에서 나의 일본어 표현이 틀리면 어떡하나 하는 불안감을 가지지 말아야 할 것이다. 틀릴까 봐 대화를 하지 않는 것보다 틀리면서 올바른 표현을 익혀 나가는 것이 외국어를 빨리 습득할 수 있는 방법이다.

　일본어를 익히는 데 가장 중요한 것은 자신감이라는 것을 명심하고 이 책이 그 자신감을 독자 여러분에게 심어 주기를 진심으로 바란다.

　　　　　　　　　　　　　　　　　　　　　　　박 은 남

Contents

Part 1 | 기분을 전하다
気持ちを伝える

01. 네와 아니오 … 16
　네 … 16
　아니오 … 17

02. 의사 표현 … 18
　찬성하다 … 18
　반대하다 … 18
　의견이 있다 … 19
　애매하게 대답하다 … 20
　보류하다 … 21

03. 예절 표현 … 22
　감사하다 … 22
　선물에 감사하다 … 23
　천만에 … 23
　미안하다 … 23
　괜찮다 … 24

04. 감정 표현 … 25
　기쁘다 … 25
　즐겁다 … 26
　슬프다 … 26
　지겹다 … 27
　화를 내다 … 27
　실망했다 … 28
　놀라다 … 29
　감동하다 … 29

Part 2 | 사람과 만나다
人と会う

01. 인사를 하다 … 32
　만났을 때의 인사 … 32
　첫만남의 사람과 … 33
　자기 소개 … 33
　오랜만에 만난 사람과 … 34
　우연히 만난 사람과 … 35
　다른 사람 소개 … 36
　헤어질 때의 인사 … 37
　한동안 만날 수 없는 사람과 … 38

02. 자신에 대해 말하다 … 39
　가족에 대해 … 39
　출신지에 대해 … 40
　살고 있는 도시에 대해 … 41
　주거 환경에 대해 … 43
　주거 시설에 대해 … 44
　이사에 대해 … 46
　나이에 대해 … 46
　생일에 대해 … 47
　신체 조건에 대해 … 47
　얼굴에 대해 … 48
　성격에 대해 … 50
　직업에 대해 … 52
　직장에 대해 … 54
　학교에 대해 … 54
　장래 희망에 대해 … 55

Part 3 | 흥미거리에 대해 말하다
トピックについて話す

01. **취미** … 60
취미에 대해 … 60
독서 … 61
영화 … 62
TV … 64
여행 … 64
수집 … 66
그림, 사진 … 67
음악 … 68
애완동물 … 70
원예 … 71
요리, 게임 … 72

02. **스포츠** … 75
스포츠에 대해 … 75
육상 등 … 75
테니스, 골프 … 76
등산, 낚시 … 77
댄스, 무술 … 77
구기 종목 … 79
수영 등 … 79
스키 등 … 80
스포츠 관전 … 81

03. **그 밖의 화제** … 85
자동차 … 85
패션 … 87
건강 … 89

Part 4 | 일상의 대화를 하다
日常会話をする

01. 일상생활 … 92
　일어나다 … 92
　집을 나서다 … 93
　집안일을 하다 … 94
　집으로 돌아오다 … 95
　저녁 식사 … 96
　휴식을 취하다 … 97
　휴일 … 98
　잠자리에 들다 … 99

02. 대화 표현 … 101
　말을 걸다 … 101
　확인하다 … 102
　맞장구치다 … 103
　알겠다 … 104
　모르겠다 … 104
　못 알아들었다 … 105
　설명하기 어렵다 … 106
　말을 잇다 … 106
　화제를 바꾸다 … 107
　이야기를 재촉하다 … 108

Part 5 | 인간관계를 말하다
人間関係(にんげんかんけい)を言(い)う

01. 친구・이성 친구 … 110
친구에 대해 … 110
남자친구에 대해 … 111
여자친구에 대해 … 112
연애 감정 표현 … 113
데이트에 대해 … 113
말다툼에 대해 … 114
실연에 대해 … 114
권태기에 대해 … 115
결혼에 대해 … 116
데이트를 청하다 … 116
거절하다 … 117
고백하다 … 118
청혼하다 … 119
헤어지자고 하다 … 120

02. 가족 … 122
가족 구성에 대해 … 122
부모님에 대해 … 124
형제, 자매에 대해 … 126
자녀에 대해 … 127

Part 6 | 사람들과 사귀다
人と付き合う

01. 약속하다 … 130
시간이 있는지 묻다 … 130
식당 · 커피숍 등에 가자고 청하다 … 130
집으로 초대하다 … 131
파티에 초대하다 … 131
초대를 받아들이다 … 132
초대를 거절하다 … 133
초대를 바라다 … 134
약속 시간을 정하다 … 134
약속 장소를 정하다 … 135

02. 방문하다 … 137
손님을 맞이하다 … 137
방문하다 … 137
손님을 접대하다 … 138
돌아가겠다고 말하다 … 139
작별 인사 … 139

03. 위로하다 … 141
병 문안하다 … 141
입원한 사람을 병 문안하다 … 141
완쾌를 빌다 … 142
병 문안에 대해 감사하다 … 143
병 회복을 알리다 … 143
퇴원을 알리다 … 144
재해를 위로하다 … 144
문상하다 … 146
조의를 표하다 … 147

상을 당한 사람을 위로하다 … 148
장례식에 대해 … 149
위로에 답하다 … 149

04. **의논 상대가 되어주다** … 151
상의하다 … 151
조언하다 … 152
주의를 주다 … 152
격려하다 … 153
칭찬하다 … 154
축하하다 … 155

05. **부탁하다** … 156
부탁이 있다 … 156
허락을 구하다 … 157
빌려 달라고 하다 … 157
돌려 달라고 하다 … 158
돈을 빌려 달라고 하다 … 158
부탁에 답하다 … 159

Part 7 | 상황에 따라 표현하다
状況によって表現する

01. 시간·요일·날짜 ··· 162
  시간에 대해 ··· 162
  시계 상태에 대해 ··· 162
  요일에 대해 ··· 163
  날짜에 대해 ··· 163

02. 식당 ··· 165
  식당을 찾아 예약하다 ··· 165
  주문하다 ··· 166
  요구 사항을 말하다 ··· 167
  계산하다 ··· 168

03. 쇼핑 ··· 172
  상점을 찾다 ··· 172
  상품을 고르다 ··· 172
  계산하다 ··· 173
  교환·환불하다 ··· 174

04. 거리 ··· 175
  길을 묻다 ··· 175
  길을 안내하다 ··· 175
  기차를 타다 ··· 176
  버스를 타다 ··· 177
  지하철을 타다 ··· 177
  택시를 타다 ··· 178

05. 전화 ··· 180
  전화를 받다 ··· 180
  전화를 걸다 ··· 180
  전화를 바꿔 주다 ··· 181

전화를 받을 수 없다 ··· 181
잘못 걸었다 ··· 182
전화를 끊다 ··· 183

06. 날씨 ··· 184
날씨에 대해 ··· 184
날씨가 좋다 ··· 184
날씨가 우중충하다 ··· 185
날씨가 나쁘다 ··· 185
비가 내리다 ··· 186
눈이 내리다 ··· 187
바람이 불다 ··· 187
덥다 ··· 188
춥다 ··· 188

07. 병 · 부상 ··· 190
병원에 가고 싶다 ··· 190
아프다 ··· 190
열이 있다 ··· 191
속이 안 좋다 ··· 191
이가 아프다 ··· 192
귀가 이상하다 ··· 192
눈이 아프다 ··· 193
다쳤다 ··· 193
피로하다 ··· 193
진찰하다 ··· 194

08. 사고 ··· 196
도움을 청하다 ··· 196
사고에 대해 ··· 196
연락을 원하다 ··· 197
고발하다 ··· 198

PART 1

기분을 전하다

気持ちを伝える
기모치오 츠타에루

01 네와 아니오 はいと いいえ
하이또 이이에

** 네   はい 하이

네, 그렇습니다.	はい、そうです。	하이, 소우데스
네, 그렇고말고요.	はい、そうですとも。	하이, 소우데스토모
응.	うん。	응
그렇습니다.	そうです。	소우데스
저도 그렇습니다.	私もそうです。	와타시모 소우데스
알겠습니다.	分かりました。	와카리마시타
기꺼이 그러죠!	喜んでそうします。	요로콘데 소우시마스
좋아.	いいよ。	이이요
좋습니다.	いいです。	이이데스
물론입니다.	もちろんです。	모치론데스
당연합니다.	当たり前です。	아타리마에데스
그거야!	それ！	소레
그렇게 생각합니다.	そう思います。	소우 오모이마스
보증합니다.	保証します。	호쇼우시마스
맞았어!	当たり。	아타리
정말이야.	本当だよ。	혼토우다요
그렇게 해 주세요.	そうしてください。	소우시테 쿠다사이
그렇습니까?	そうですか。	소우데스카
네, 그러세요.	はい、そうしてください。	하이, 소우시테 쿠다사이
제가 할 수 있는 건 할게요.	私ができることはやります。	와타시가 데키루 코토와 야리마스

✳︎ 아니오　　いいえ 이이에

아니오, 틀립니다.	いいえ、違います。	이이에, 치가이마스
틀립니다.	違います。	치가이마스
그렇지 않습니다.	そうじゃありません。	소우쟈 아리마센
절대 아니야!	絶対違う。	젯따이 치가우
말도 안 돼!	とんでもない。	톤데모나이
저 역시 아닙니다.	私も違（ちが）います。	와타시모 치가이마스
난 아냐.	私じゃない。	와타시쟈나이
물론 아니지.	もちろん違うよ。	모치론 치가우요
한 번도 없습니다.	一度もないです。	이치도모 나이데스
항상 그런 건 아닙니다.	いつもそうではありません。	이츠모 소우데와 아리마센
더 이상은 아닙니다.	これ以上は違います。	코레이죠우와 치가이마스
전혀 없습니다.	ぜんぜんありません。	젠젠 아리마센
아니오, 괜찮습니다.	いいえ、大丈夫です。	이이에, 다이죠우부데스
사실이 아니야.	事実じゃない。	지지쯔쟈나이
거부합니다.	お断りします。	오코토와리시마스
안 되겠는데요.	できそうにないんですが。	데키소우니 나인데스가
죄송하지만 그건 안 됩니다.	すみませんが、それはできません。	스미마센가, 소레와 데끼마센
정말 할 수 없는데요.	本当にできないんですが。	혼토우니 데카이ㄴ데스가

단 어

맞다 : 当たりだ	아타리다	合っている 앗떼이루
정말 : 本当	혼토우	
확실한 : 確実な	카쿠지쯔나	
확실하게 : 確実に	카쿠지쯔니	
절대로 : 絶対に	젯따이니	
긍정적인 : 肯定的な	코우데이테키나	

인정하다 : 認める	미토메루	
틀리다 : 違う	치가우	
사실이 아니다 : 事実でない	지지쯔데나이	
부정적인 : 否定的な	히테이테키나	
부정하다 : 否定する	히테이스루	
결코 아니다 : 絶対違う	젯따이 치가우	

02 의사 표현

意思表現
이시쿄우겐

** 찬성하다　　賛成する 산세이스루

찬성합니다.	賛成します。	산세이시마스
전적으로 찬성합니다.	もっぱら賛成します。	못빠라 산세이시마스
그 점에 대해 찬성합니다.	その点について賛成します。	소노 텐니 츠이테 산세이시마스
저도 그렇게 생각해요.	私もそう思います。	와타시모 소우 오모이마스
당신이 맞아요.	お前がただしいです。	오마에가 타다시이데스
좋은 생각이에요.	いい考えですね。	이이 캉가에데스네
너의 의견에 찬성이야.	あなたの意見に賛成するよ。	아나타노 이켄니 산세이스루요
지당합니다.	ごもっともです。	고못또모데스
네 말이 타당하다.	あなたの言ったことが妥当だ。	아나타노 잇따 코토가 다토우다
좋아.	いいよ。	이이요
그거면 됐어.	それならいいよ。	소레나라 이이요
저는 그거면 돼요.	私はそれならいいです。	와타시와 소레나라 이이데스
확실히 그러네요.	確かにそうですね。	타시카니 소우데스네

** 반대하다　　反対する 한타이스루

반대합니다.	反対します。	한타이시마스
당신 의견에 반대합니다.	あなたの意見に反対します。	아나타노 이켄니 한타이시마스
그에 반대합니다.	それに反対します。	소레니 한타이시마스
나는 그렇게 생각하지 않아요.	私はそう思いません。	와타시와 소우 오모이마센
저는 그렇게 보지 않아요.	私はそう見ません。	와타시와 소우 미마센

저는 다른 의견이에요.	私は違う意見です。	와타시와 치가우 이켄데스
좋은 생각 같지 않네요.	いい考えではありませんね。	이이 캉가에데와 아리마센네
네가 틀렸어.	あなたが間違っている。	아나타가 마치갓떼이루
그건 불가능해요.	それは不可能です。	소레와 후카노우데스
그건 권할 수 없겠네요.	それはおすすめできませんね。	소레와 오스스메데키마센네
그렇게 무리한 말 하지 마세요.	そんなにとんでもないこと言わないでください。	손나니 톤데모나이 코토 이와나이데 쿠다사이
그건 문제 밖의 일이에요.	それは問題外のことです。	소레와 몬다이가이노 코토데스
말도 안 돼.	とんでもない。	톤데모나이
바보 같은 말 하지 마!	バカなこと言うな。	바카나 코토 이우나
눈에 흙이 들어가기 전엔 안 돼!	目の黒いうちはだめだ。	메노 쿠로이 우치와 다메다
잘 되지 않을 거야.	うまくいかないと思う。	우마쿠 이카나이토 오모우
좀더 현실적이 될 필요가 있어.	もっと現実的になる必要がある。	못또 겐지츠테키니 나루 히츠요우가 아루
넌 너무 낙천적이야.	あなたは楽天的すぎだよ。	아나타와 라쿠텐테키스기다요

✳ 의견이 있다   意見がある   이켄가 아루

제게 생각이 있어요.	私に考えがあります。	와타시니 캉가에가 아리마스
좋은 생각이 있어요.	いい考えがあります。	이이 캉가에가 아리마스
제안하고 싶은 게 있어요.	提案したいことがあります。	테이안시타이 코토가 아리마스
이거 어때요?	これどうですか。	코레 도우데스까
제 생각으로는 해볼 만합니다.	私の考えではやってみる価値があると思います。	와타시노 캉가에데와 얏떼미루 카치가 아루토 오모이마스
개인적으로는 찬성할 수 없습니다.	個人的には賛成できません。	코진테키니와 산세이데키마센
한마디하게 해 주십시오.	一言言えるようにしてください。	히토코토 이에루요우니 시테 쿠다사이
끝까지 말하게 해주세요.	最後まで言わせてください。	사이고마데 이와세테 쿠다사이
확실히 말해 둘게.	はっきり言っとく。	핫끼리 잇또쿠
당신은요?	あなたは？	아나타와?

당신은 어떻게 생각해요?	あなたはどう思いますか。	아나타와 도우 오모이마스카
너의 의견을 들려줘.	あなたの意見を聞かせて。	아나타노 이켕오 키카세테
생각하고 있는 걸 들려줘.	考えていることを聞かせて。	캉가에테이루 코토오 키카세테
그게 전부야?	それがすべて？	소레가 스베테?
그 밖에는?	その他には？	소노 호카니와?
무슨 뜻이지?	どんな意味？	돈나 이미?
그렇게 생각하지 않아?	そう思わない？	소우 오모와나이?

✼ 애매하게 대답하다　あいまいに答える 아이마이니 코타에루

아마도.	たぶん。	타븐
아마 그렇지 않을 걸요.	たぶんそうじゃないと思いますが。	타븐 소우쟈 나이토 오모이마스가
그렇겠네.	そのようだね。	소노요우다네
그럴지도 모르죠.	そうかもしれませんね。	소우카모 시레마센네
네가 말한 대로일지도.	あなたが言ったとおりかも。	아나타가 잇따토오리카모
확실히 몰라요.	はっきり分かりません。	핫끼리 와카리마센
말하자면	言わば	이와바
다소 그래.	多少そうだね。	타쇼우 소우다네
경우에 따라서.	場合によって	바아이니 욧떼
그러면 좋겠는데.	そうすればいいのに	소우스레바 이이노니
어느 쪽이라고 할 수 없어요.	どっちとは言えません。	돗찌토와 이에마센
뭐라 말하기 어려워요.	言いにくいですね。	이이니쿠이데스네
너 좋을대로.	好きなように。	스키나요우니
네가 그렇게 말한다면 그걸로 좋아.	あなたがそう言うならそれでいいよ。	아나타가 소우 이우나라 소레데 이이요
아무래도 좋아요.	やはりいいです。	야하리 이이데스

보류하다 保留する 호류우스루

생각해 볼게.	考えてみる。 캉가에테미루
생각하게 해줘.	考えさせて。 캉가에사세테
지금 바로는 결정할 수 없어요.	今すぐには決められません。 이마 스구니와 키메라레마셍
하룻밤 생각하게 해주세요.	一晩考えさせてください。 히토반 캉가에사세테 쿠다사이
생각할 시간을 주십시오.	考える時間をください。 캉가에루 지캉오 쿠다사이
아직 확실한 대답은 할 수 없어요.	まだはっきりした答えはできません。 마다 핫끼리시타 코타에와 데키마셍
머리를 식히고 다시 생각할 필요가 있어요.	頭を冷やしてからまた考える必要があります。 아타마오 히야시테카라 마타 캉가에루 히츠요우가 아리마스
우리가 어떻게 하면 좋을까 검토해 보겠습니다.	私たちがどうすればいいか検討してみます。 와타시타치가 도우스레바 이이까 켄토우시테 미마스

단 어

가능한 : 可能な 카노우나	아마 : たぶん 타분
검토하다 : 検討する 켄토우스루	애매한 : あいまいな 아이마이나
관점 : 観点 칸텐	의견 : 意見 이켄
그런 것 같은 : そのような 소노요우나	의사 : 意思 이시
그런 것 같지 않은 : そうではなさそうな 소우데와나사소우나	이의 : 異議 이기
	제안 : 提案 테이안
동의 : 同意 도우이	지지하다 : 支持する 시지스루
반대의 : 反対の 한타이노	찬성하다 : 賛成する 산세이스루
반대하다 : 反対する 한타이스루	추측하다 : 推測する 스이소쿠스루
보유하다 : 保有する 호유우스루	토의하다 : 討議する 토우기스루
불가능한 : 不可能な 후카노우나	합리적인 : 合理的な 고우리테키나
불확실한 : 不確実な 후카쿠지츠나	~에 반대해서 : ~に反対して 니 한타이시테
비합리적인 : 非合理的な 후고우리테키나	~에 찬성해서 : ~に賛成して 니 산세이시테
생각 : 考え 캉가에	

기분을 전하다

의사 표현

03 예절 표현 エチケット 에찌켓또

✱✱ 감사하다　感謝する 칸샤스루

감사합니다.	ありがとうございます。 아리가토우고자이마스
고마워.	ありがとう。 아리가토우
너무 고마워.	どうもありがとう。 도우모 아리가토우
대단히 고마워.	どうもありがとう。 도우모 아리가토우
여러 가지로 고마워.	いろいろありがとう。 이로이로 아리가토우
친절에 감사해.	親切にしてくれて感謝する。 심세츠니 시테쿠레테 칸샤스루
기다려 줘서 고마워.	待ってくれてありがとう。 맛떼 쿠레테 아리가토우
도와줘서 고마워.	助けてくれてありがとう。 타스케테 쿠레테 아리가토우
염려해 줘서 고마워.	心配してくれてありがとう。 심빠이시테 쿠레테 아리가토우
(호의에) 감사합니다.	(好意に) 感謝します。 (코우이니) 칸샤시마스
깊이 감사하고 있습니다.	深く感謝しております。 후카쿠 칸샤시테 오리마스
너무 친절하시네요.	とても親切ですね。 토테모 신세츠데스네
당신의 친절에 어떻게 감사드려야 할지 모르겠습니다.	あなたの親切にどう感謝すればいいか分かりません。 아나타노 신세츠니 도우 칸샤스레바 이이까 와카리마센
어쨌든 감사합니다.	とにかく感謝します。 토니카쿠 칸샤시마스
어떻게 감사를 드려야 할지.	どう感謝の気持ちを伝えたらいいか…。 도우 칸샤노 키모치오 츠타에타라 이이까
당신의 친절 잊지 못할 거예요.	あなたのご親切は忘れられないと思います。 아나타노 고신세츠와 와스레라레나이토 오모이마스

선물에 감사하다　プレゼントに感謝する 프레젠토니 칸샤스루

귀여운 인형 정말 고맙습니다.	かわいいぬいぐるみ本当にありがとうございます。	카와이이 누이구루미 혼토우니 아리가토우 고자이마스
생일날의 멋진 카드 정말 고마웠습니다.	素敵な誕生日カード本当にありがとうございました。	스테키나 탄죠우비 카-도 혼토우니 아리가토우 고자이마시타
제게 멋진 생일선물 보내주시다니 너무 친절하시군요.	私に素敵な誕生日プレゼントを送ってくださるなんてとても親切ですね。	와타시니 스테키나 탄죠우비 프레젠토오 오쿳떼 쿠다사루난테 토테모 신세츠데스네
이거야말로 제가 내내 갖고 싶어하던 거예요.	これこそ私がほしかったものです。	코레코소 와타시가 호시깟따모노데스
평생 소중히 간직하겠습니다.	一生大事にしまっておきます。	잇쇼우 다이지니 시맛떼 오키마스

천만에　どういたしまして 도우이타시마시테

천만에요.	どういたしまして。	도우이타시마시테
그러지 마세요.	そうしないでください。	소우시나이데 쿠다사이
아무 일도 아닌 걸요.	なんでもないことです。	난데모 나이코토데스
대단한 일도 아니에요.	大したことではありません。	타이시타 코토데와 아리마센
도움이 되어 기뻐요.	お役に立てて嬉しいです。	오야쿠니 타테테 우레시이데스
아무 때라도 시키세요.	いつでもさせてください。	이츠데모 사세테 쿠다사이
아무 때나 부탁해도 돼요.	いつでも頼んでいいですよ。	이츠데모 타논데 이이데스요
좋아하시니 기뻐요.	喜んでくださって嬉しいです。	요로콘데 쿠다삿떼 우레시이데스

미안하다　申し訳ない 모우시와케나이

미안.	ごめん。	고멘
미안합니다.	ごめんなさい。; すみません。; 申し訳ないです。	고멘나사이; 스미마센; 모우시와케나이데스
정말 미안해.	本当にごめん。	혼토우니 고멘

실례합니다.	失礼します。	시츠레이시마스
늦어서 미안해요.	遅れてすみません。	오쿠레테 스미마셴
기다리게 해서 미안해요.	待たせてすみません。	마타세테 스미마셴
미안해요. 깜박 잊었어요.	ごめんなさい。うっかり忘れていました。	고멘나사이. 웃까리 와스레테 이마시타
그건 제 잘못이에요.	それは私の間違いです。	소레와 와타시노 마치가이데스
사과합니다.	お詫び申し上げます。	오와비 모우시아게마스
나빴다고 생각해.	悪かったと思う。	와루캇따토 오모우
그럴 생각은 아니었어.	そうするつもりではなかった。	소우스루 츠모리데와 나캇따
다시는 그런 일 없을 거예요.	二度とこんなことは起こらないと思います。	니도토 콘나 코토와 오코라나이토 오모이마스
제발 용서해 줘.	どうか許してね。	도우카 유루시테네
후회하고 있어.	後悔している。	코우카이시데이루

✶✶ 괜찮다　大丈夫だ　다이죠우브다

괜찮아요.	大丈夫です。	다이죠우브데스
신경 쓰지 마세요.	気にしないでください。	키니 시나이데 쿠다사이
아무 것도 아니에요.	なんでもありません。	난데모 아리마셴
사과할 필요 없어요.	お詫びする必要はありません。	오와비스루 히츠요우와 아리마셴
당신 잘못이 아니에요.	あなたの間違いではありません。	아나타노 마치가이데와 아리마셴
어쩔 수 없었어요.	仕方なかったんです。	시카타나캇딴데스
다음 번엔 조심하세요.	今度は気をつけます。	콘도와 키오 츠케마스

단어

감사하다 : 感謝する 칸샤스루	사죄 : 謝罪 샤자이
감사한 : 感謝する 칸샤스루	사죄하다 : 謝罪する 샤자이스루
감사 : 感謝 칸샤	후회하다 : 後悔する 코우카이스루
사의 : 謝意 샤이	책임 : 責任 세키닌
기쁨 : 嬉しさ 우레시사	잘못 : 間違い 마치가이
미안한 : 申し訳ない 모우시와케나이	용서하다 : 許す 유루스

04 감정 표현 感情表現

✱✱ 기쁘다 嬉しい。 우레시이

행복해.	幸せ。	시아와세
너무 행복해요.	とても幸せです。	토테모 시아와세데스
기뻐.	嬉しい。	우레시이
너무 기뻐.	とても嬉しい。	토테모 우레시이
흥분돼.	興奮する。	코우훈스루
기분이 너무 좋아.	すごく気持ちがいい。	스고쿠 키모치가 이이
기분 최고야!	最高！	사이코우
날아갈 것 같아.	飛んでいくようだ。	톤데이쿠요우다
기뻐서 날아갈 것 같아.	嬉しくて飛んでいくようだ。	우레시쿠테 톤데이쿠요우다
하늘을 나는 기분이에요.	空を飛ぶような気分です。	소라오 토부요우나 키분데스
이보다 더 좋을 순 없어.	これよりいいことはない。	코레요리 이이코토와 나이
그 소식을 들으니 기쁘다.	その便りを聞いて嬉しい。	소노 타요리오 키이테 우레시이
그거 기쁜 일이네.	それ嬉しいことだね。	소레 우레시이 코토다네
얼마나 운이 좋은지!	とても運がいい。	토테모 운가 이이
만세!	万歳！	반자이
행운에 감사해요!	幸運に感謝する。	코우운니 칸샤스루
내 자신이 자랑스러워.	自分自身が誇らしい。	지분지신가 호코라시이
행복해 보인다.	幸せに見える。	시아와세니 미에루
너 때문에 기뻐.	あなたのおかげで嬉しい。	아나타노 오카게데 우레시이
도움이 되어 기뻐!	役に立てて嬉しい。	야쿠니 타테테 우레시이

해냈어!	できた！	데키타
우리가 해냈어!	私たちが成しとげた。	와타시타치가 나시토게타
목표를 달성했어요.	目標を成しとげました。	모쿠효우오 나시토게마시타
제 생애 이보다 더 기쁜 적이 없었어요.	私の生涯でこれより嬉しかったことはありません。	와타시노 쇼우가이데 코레요리 우레시캇따코토와 아리마센
더 이상 기쁠 수 없어.	とても嬉しい。	토테모 우레시이

※ 즐겁다 — 楽しい 타노시이

정말 즐거웠어.	本当に楽しかった。	혼토우니 타노시캇따
정말 즐거워요.	本当に楽しい。	혼토우니 타노시이
즐거워요.	楽しい。	타노시이
잘 놀아!	楽しく遊んでね。	타노시쿠 아손데네
기대하고 있어요.	楽しみにしています。	타노시미니 시테이마스
못 기다리겠어!	待てない。	마테나이
콧노래 부르고 싶은 기분이에요.	鼻歌を歌いたい気分です。	하나우타오 우타이타이 키분데스
만족스러워.	満足だ。	만조쿠다
마음이 편해요.	気持ちが楽です。	키모치가 라쿠데스

※ 슬프다 — 悲しい 카나시이

슬퍼요.	悲しいです。	카나시이데스
공허한 기분이야.	むなしい気持ちだ。	므나시이 키모치다
나 울적해.	私、ゆううつだ。	와타시, 유우우츠다
우울해.	ゆううつだ。	유우우츠다
슬픈 일이야.	悲しいことだ。	카나시이 코토다
슬퍼 보인다.	悲しく見える。	카나시쿠 미에루
가슴이 찢어지는 것 같아.	胸が張り裂けそう。	므네가 하리사케소우

정말 상처받았어.	本当に傷つけられた。	혼토우니 키즈츠케라레타
울고 싶어.	泣きたい。	나키타이
외로워.	寂しい。	사비시이
혼자가 되어버린 기분이야.	一人ぼっちになった気分。	히토리봇찌니 낫따 기분
초라한 기분이야.	みずぼらしい気分だ。	미즈보라시이 기분다
절망적인 기분이야.	絶望的な気分だ。	제츠보우테키나 기분다
끔찍해.	ひどい。	히도이

✦✦ 지겹다 / 退屈だ 타이쿠츠다

지루했어.	退屈だった。	타이쿠츠닷따
지루해서 죽을 뻔했어.	退屈でたまらなかった。	타이쿠츠데 타마라낫따
불편한 느낌이야.	いやな感じだ。	이야나 칸지다
전혀 관심 없어요.	ぜんぜん関心ありません。	젠젠 칸신 아리마센
아무 것도 할 기분이 아니야.	何もやる気分じゃない。	나니모 야루 기분쟈나이
지겨워.	退屈だ。	타이쿠츠다

✦✦ 화를 내다 / 怒る 오코루

젠장!	ちくしょう。	치쿠쇼우
화가 나!	頭に来る。	아타마니 쿠루
너 때문에 화가 나!	あなたのせいで頭に来る！	아나타노 세이데 아타마니 쿠루
너 때문에 미치겠어.	あなたのせいで気が狂いそう。	아나타노 세이데 키가 쿠루이소우
그녀는 나를 화나게 해.	彼女は私を怒らせる。	카노죠와 와타시오 오코라세루
나 정말 화났어.	私本当に怒っている。	와타시 혼토우니 오콧떼이루
너를 참아 줄 수가 없어.	あなたに我慢できない。	아나타니 가만데키나이
더 이상 참을 수 없어.	これ以上我慢できない。	코레이죠우 가만데키나이

미칠 것 같아.	気が狂いそう。	키가 쿠루이소우
그만해!	やめて。	야메테
이제 충분해!	もう充分だ！	모우 쥬우분다
구역질난다.	へどが出る。	헤도가 데루
바보 취급하지 마.	馬鹿にするな。	바카니 스루나
네가 알 바 아니야.	あなたの知ったこっちゃない。	아나타노 싯타콧챠나이
닥쳐!	黙れ！	다마레
넌 네가 뭐라고 생각하는 거야?	あなたは自分が何だと思ってるんだ。	아나타와 지분가 난다토 오못떼이룬다
적당히 해 둬!	いい加減にしろ！	이이카겐니시로
내버려 둬.	ほっとけ。	홋또케
듣고 싶지 않아.	聞きたくない。	키키타쿠나이
또 시작이군.	また始まった。	마타 하지맛따
왜 나야?	なんで私？	난데 와타시
어떻게 그렇게 말할 수 있어?	どうしたらそんなことが言える？	도우시타라 손나 코토가 이에루?

✱✱ 실망하다   がっかりする 갓까리스루

실망했어.	がっかりした。	갓까리시타
너한테 실망이야.	あなたに失望したよ。	아나타니 시츠보우시타요
그거 실망인데.	それ、がっかりだね。	소레, 갓까리다네
노력이 모두 허사가 돼버렸어.	努力が全て無駄なことになってしまった。	도료쿠가 스베테 므다나 코토니 낫떼 시맛따
모두 허사라니!	全て無駄なことだなんて！	스베테 므다나 코토다난테
시간 낭비였어.	時間の無駄だった。	지칸노 므다닷따
어처구니없는 실패를 했어.	とんでもない失敗をした。	톤데모나이 싯빠이오 시타
운이 없었어!	運がなかった。	운가 나캇따
오늘은 운이 없어.	今日は運がない。	쿄우와 운가 나이

✲ 놀라다　　驚く 오도로쿠

놀랐어!	驚いた。	오도로이타
쇼크야!	ショックだ。	숏쿠다
아이고 세상에!	なんとまあ！	난토마아
맙소사!	まさか！	마사카
믿기지 않아!	信じられない。	신지라레나이
설마!	まさか	마사카
말도 안 돼!	とんでもない！	톤데모나이
진심이니?	本音なの？	혼네나노?
너 날 놀래켰어.	驚いた。	오도로이타
할 말이 없다.	言葉が出てこない。	코토바가 데테코나이
전혀 예상 밖인데.	全く予想外のことだ。	맛따쿠 요소우가이노 코토다
생각도 못했어.	考えもできなかった。	캉가에모 데키나캇따
정말 기분좋게 놀랐어!	本当に驚いた。	혼토우니 오도로이타
그거 처음 들은 거야.	それ初耳だ。	소레 하츠미미다
내 귀를 의심했어.	私の耳を疑った。	와타시노 미미오 우타깃따
네가 그런 일을 하다니.	あなたがそんなことするなんて。	아나타가 손나코토스루난테

✲ 감동하다　　感動する 칸도우스루

멋져!	素敵。	스테키
예쁘다!	きれいだ。	키레이다
근사하다!	素敵だ。	스테키다
괜찮은데!	いいね。	이이네
훌륭했어!	すばらしい！	스바라시이
감동했어.	感動した。	칸도우시타

너무 감동했어.	とても感動した。 토테모 칸도우시타
그건 정말 대단한 거야.	それは本当にすごいことだ。 소레와 혼토우니 스고이코토다
내가 해냈어!	私がやった。 와타시가 얏따
놀라워!	すごい！ 스고이
꿈만 같아.	夢のようだ。 유메노요우다
얼마나 환상적인지!	とても幻想的だ！ 토테모 겐소우테키다

단 어

감동했다 : 感動した 칸도우시타	실망 : 失望 시츠보우
기쁜 : 嬉しい 우레시이	실망했다 : 失望した 시츠보우시타
놀람 : 驚き 오도로키	싫은 : いやな 이야나
놀랐다 : 驚いた 오도로이타	역겨운 : おぞましい 오조마시이
대단한 : すごい 스고이	예상밖의 : 予想外の 요소우가이노
만족한 : 満足する 만조쿠스루	즐거운 : 楽しい 타노시이
멋지다 : 素敵だ 스테키다	지루한 : 退屈な 타이쿠츠나
무서운 : 怖い 코와이	지루했다 : 退屈だった 타이쿠츠닷따
믿어지지 않는 : 信じられない 신지라레나이	충격을 받았다 : ショックをうけた 숏쿠오 우케타
비참한 : 悲惨な 히산나	침울한 : ゆううつな 유우우츠나
산뜻한 : さっぱりする 삿빠리스루	행복한 : 幸せな 시아와세나
슬픈 : 悲しい 카나시이	화 : 怒り 오코리
슬픔 : 悲しさ 카나시사	화난 : 怒った 오콧따

PART 2

사람과 만나다

人と会う
히토토 아우

01 인사를 하다 挨拶する 아이사츠스루

※※ 만났을 때의 인사　会ったときの挨拶 옷따토키노 아이사츠

안녕하세요.	こんにちは。 콘니치와
안녕!	こんにちは。 콘니치와
안녕.(오전인사)	おはようございます。 오하요우고자이마스
안녕.(오후인사)	こんにちは。 콘니치와
안녕.(저녁인사)	こんばんは。 콘방와
잘 자.	お休み。 오야스미
잘 지냈어요?	お元気でしたか。 오겡끼데시타까
잘 지냈어?	元気だった？ 겡끼닷따?
어떻게 지내?	どう過ごしてる？ 도우 스고시데루?
요즘 어땠어?	最近どう？ 사이킨 도우?
잘 지내, 고마워.	おかげさまで。ありがとう。 오카게사마데, 아리가토우
나쁘진 않아.	悪くはない。 와루쿠와나이
그럭저럭 지냈어.	まあまあだよ。 마마다요
어때?	どう？ 도우?
뭐 별로.	まあ、別に。 마아, 베츠니
일은 어때?	仕事はどう？ 시고토와 도우?
늘 같아.	いつも同じ。 이츠모 오나지
괜찮은 것 같네.	調子よさそうだね。 초우시요사소우다네
변함없이 바쁘니?	相変わらず忙しい？ 아이카와라스 이소가시이?
바쁜 것 같네.	忙しいみたいだね。 이소가시이미타이다네

첫만남의 사람과   はじめて会う人と 하지메테 아우 히토토

만나서 반갑습니다.	お会いできて嬉しいです。	오아이데키테 우레시이데스
저야말로 반갑습니다.	こちらこそ嬉しいです。	코치라코소 우레시이데스
처음 뵙겠습니다.	はじめまして。	하지메마시테
제 이름은 한선우입니다.	私の名前はハンソンウです。	와타시노 나마에와 한선우데스
저를 쏘니라고 불러 주세요.	私をソニと呼んでください。	와타시오 소니토 욘데 쿠다사이
만나서 기쁩니다.	お会いできて嬉しいです。	오아이데키테 우레시이데스
타나카상, 만나서 영광입니다.	田中さん、お会いできて光栄です。	타나카상, 오아이데키테 코우에이데스
만남을 즐거움으로 여기고 있었습니다.	お会いできるのを楽しみにしておりました。	오아이데케루노오 타노시미니시테 오리마시타
늘 만나고 싶었습니다.	いつも会いたかったんです。	이치모 아이타캇딴데스
이야기는 듣고 있었습니다.	話は聞いてました。	하나시와 키이테마시타
이름만을 알고 있었어요.	お名前だけは知っておりました。	오나마에다케와 싯테오리마시타
우리 전에 만난 적이 있나요?	私たち会ったことありますか。	와타시타치 앗따코토아리마스까
어디선가 본 듯하네요.	どこかで会った気がしますね。	도코카데 앗따키가 시마스네
당신과는 통화한 적이 있어요.	あなたとは電話で話したことがあります。	아나타토와 뎅와데 하나시타 코토가 아리마스
마침내 만날 수 있게 되어 기뻐요.	やっとお会いすることができて嬉しいです。	얏또 오아이스루코토가 데키테 우레시이데스

자기 소개   自己紹介 지코쇼우카이

자기 소개를 하겠습니다.	自己紹介をします。	지코쇼우카이오 시마스
저에 대해 말하겠습니다.	私について申し上げます。	와타시니 츠이테 모우시아게마스
내 이름은 염상섭입니다.	私の名前はヨン・サンソプです。	와타시노 나마에와 염상섭데스

33

사람과 만나다 / 인사를 하다

나의 성은 염이고, 이름은 상섭입니다.	私の名字はヨンで、名前はサンソプです。 와타시노 묘우지와염데, 나마에와 상섭데스
내 이름은 유명한 작가의 이름을 딴 것입니다.	私の名前は有名な作家の名前から取ったものです。 와타시노 나마에와 유우메이나 삿까노 나마에카라 툿타모노데스
내 이름은 한국에서는 상당히 흔한 이름입니다.	私の名前は韓国では非常に平凡な名前です。 와타시노 나마에와 캉코쿠데와 히죠우니 헤이본나 나마에데스
나의 애칭은 영입니다.	私のニックネームはヨンです。 와타시노 닛쿠네-무와 욘데스
나의 이름은 서영이지만, 가족들은 생략해서 영이라고 부릅니다.	私の名前はソヨンですが、家族たちからは略してヨンと呼ばれています。 와타시노 나마에와 서영데스가, 카조쿠타치카라와 랴쿠시테 욘토 요바레테이마스
친구들은 나를 진수라고 부릅니다.	友達からはジンスと呼ばれています。 토모다치카라와 진수토 요바레테이마스
나를 진수라고 불러 주세요.	私をジンスと呼んでください。 와타시오 진수토 욘데쿠다사이
우리에게는 미들네임이 없습니다.	私たちにはミドルネームはありません。 와타시타치니와 미도루네-무와 아리마센

✱ 오랜만에 만난 사람과　久しぶりに会った人と 히사시부리니 앗타히토토

오랜만이네요.	お久しぶりですね。 오히사시부리데스네
오랜만이네.	久しぶり。 히사시부리
전에 만난 게 언제였죠?	前会ったのはいつでしたっけ。 마에 앗따노와 이츠데시땃께
10년 만에 만난 거예요.	10年ぶりですね。 쥬우넨부리데스네
오랫동안 보지 못했어.	長い間会えなかった。 나가이아이다 아에나깟따
시간 정말 빠르네.	時間が経つのは本当に早いね。 지캉가 타츠노와 혼토우니 하야이네
어떻게 지냈어요?	どう過ごしていましたか。 도우 스고시테이마시타까
어떻게 지내고 있어?	どう過ごしている？ 도우 스고시테이루
뭐하고 지냈어?	何をしてたの？ 나니오 시테타노
어디 갔었어?	どこか行ってきたの？ 도코까 잇떼키타노
또 만나서 기뻐요.	また会えてうれしいです。 마타 아에테 우레시이데스
전혀 변하지 않았네.	ぜんぜん変わってないね。 젠젠 카왓떼나이네

많이 변했네요.	けっこう変わりましたね。 켓꼬우 키와리마시타네
못 알아봤어요.	他の人だと思いました。 호카노 히토다토 오모이마시타
잠시 떠나 있었어요.	しばらくどこかに行ってきました。 시바라쿠 도코카니 잇떼키마시타
가족들은 어때요?	ご家族はどう？ 고카조쿠와 도우?
오랫동안 연락을 못해 미안해요.	長い間連絡できなくてごめんなさい。 나가이아이다 렌라쿠데키나쿠테 고멘나사이
당신에 대해 신경 쓰고 있었어요.	あなたのこと心配していました。 아나타노 코토 신파이시테이마시타
당신이 없어서 모두 쓸쓸했어요.	あなたがいなくてみんな寂しがってました。 아나타가 이나쿠테 민나 사비시갓떼마시타

❋❋ 우연히 만난 사람과 偶然会った人と 구우젠 앗따히토토

세상 정말 좁네!	世の中本当に狭いね。 요노나카 혼토우니 세마이네
너무 놀랍다!	すごくびっくりした！ 스고쿠 빗꾸리시타
아니, 이게 누구야!	あれ？誰かと思ったら！ 아레? 다레카토 오못따라
타나카 아냐?	田中じゃない？ 타나카쟈나이
당신 타나카이지요?	あなた田中でしょう？ 아나타 타나카데쇼우
너 선희 맞지?	あなたソンヒでしょう？ 아나타 손히데쇼우
여긴 웬일이야?	ここにはどうして？ 코코니와 도우시테
여긴 어쩐 일이야?	ここには何の用事で？ 코코니와 난노 요우지데
여기서 만나다니 뜻밖이에요.	ここで会うなんて意外です。 코코데 아우난테 이가이데스
여기서 만날 거라고 상상도 못했어.	ここで会うなんて想像もできなかった。 코코데 아우난테 소우조우모 데키나캇따
다시 만나서 반갑다.	また会えて嬉しい。 마타 아에테 우레시이
타나카, 만나니 정말 반갑다.	田中、会えて本当に嬉しい。 타나카, 아에테 혼토우니 우레시이
우리 예전에 만난 적 있지 않나요?	私たち、前に会ったことありませんか。 와타시타치, 마에니 앗따코토 아리마셍까
저를 아세요?	私のことご存知ですか。 와타시노 코토 고존지데스까

그렇지 않아도 너를 만나고 싶었어.	そうじゃなくてもあなたに会いたかった。
	소우쟈나쿠테모 아나타니 아이타캇따
요즘 자주 만나게 되는 것 같네.	最近たびたび会うようになったようだね。
	사이킨 타비타비 아우요우니 낫따요우다네
대체 어디 숨어 있었니?	一体どこに隠れてたの？ 잇따이 도코니 카쿠레테타노

** 다른 사람 소개 他人の紹介 타닌노 쇼우카이

메리를 소개합니다.	メリーを紹介します。 메리오 쇼우카이시마스
이쪽은 제 여동생, 주희예요.	こっちは妹のジュヒです。 콧찌와 이모우토노 주희데스
제 친구를 소개하죠.	私の友達を紹介します。 와타시노 토모다치오 쇼우카이시마스
오노상, 이쪽은 진우. 진우, 오노상이야.	小野さん、こちらはジンウ、ジンウ、こちらはおのさん。 오노상, 코치라와 진우. 진우, 코치라와 오노상.
스즈키상, 내 와이프야.	鈴木さん、私の妻だよ。 스즈키상, 와타시노 츠마다요
엔도우상과 만난 일이 있니?	遠藤さんと会ったことある？ 엔도우상토 앗따코토아루?
야마다상, 수잔과 만난 건 처음이지?	山田さん、スーザンと会ったのは初めてでしょう？ 야마다상, 수잔토 앗따노와 하지메테데쇼우?
아직 그와 만날 기회가 없었어요.	まだ彼と会う機会がなかったんです。 마다 카레토 아우키카이가 나캇딴데스
너희들, 서로 인사는 했니?	みんな、お互いに挨拶した？ 민나, 오타가이니 아이사츠시타?
너를 모두에게 소개할게.	あなたをみんなに紹介するよ。 아나타오 민나니 쇼우카이스루요
사이토상에게 소개시켜 주시겠습니까?	斉藤さんに紹介してくださいませんか。 사이토상니 쇼우카이시테 쿠다사이마센카
당신 형과 인사하고 싶은데요.	お兄さんと挨拶したいんですが。 오니이상토 아이사츠시타인데스가
히토미상의 소개로 왔습니다.	人見さんの紹介で来ました。 히토미상노 쇼우카이데 키마시타
너희들은 좋은 친구가 될 거라고 생각해.	みんないい友達になると思うよ。 민나 이이토모다치니 나루토 오모우요
너희들, 잘 맞을 거라고 생각해.	みんな、気が合うと思う。 민나, 키가 아우토 오모우
너희들 둘은 공통점이 많아.	2人は共通点が多い。 후타리와 쿄우츠우텐가 오오이
너 그를 좋아하게 될 거야.	あなた、彼のこと好きになると思う。 아나타, 카레노 코토 스키니 나루토 오모우

헤어질 때의 인사 別れる時の挨拶 와카레루 토키노 아이사츠

안녕히 가세요. / 잘 가.	さよ（う）なら。 사요(우)나라
다음에 봐.	またね。 마타네
곧 보자.	すぐ会おうね。 스구 아오우네
내일 보자.	また明日ね。 마타 아시타네
나 갈게.	私、行くね。 와타시, 이쿠네
나 가야 돼.	私行かなきゃいけない。 와타시 이카나캬이케나이
좋은 하루 보내.	良い1日を・・・。 요이 이치니치오
좋은 주말 보내.	週末、楽しく過ごしてね。 슈우마츠, 타노시쿠 스고시테네
좋은 여행 되세요.	楽しい旅行になるといいですね。 타노시이 료코우니 나루토이이데스네
휴가 재미있게 보내.	休暇、楽しく過ごしてね。 큐우카, 타노시쿠 스고시테네
잘 보내!	楽しく過ごしてね。 타노시쿠 스고시테네
너무 무리하지 마.	無理しすぎないように。 무리시스기나이요우니
좀 조심해.	ちょっと気をつけてね。 춋또 키오츠케테네
여유를 가져.	余裕を持ってね。 요유오 못떼네
언제라도 들러.	いつでも寄ってね。 이츠데모 욧떼네
만나서 반가웠어.	会えて嬉しかった。 아에테 우레시캇따
부인한테 인사 전해 주세요.	奥様によろしくってお伝えください。 옥사마니 요로시쿳떼 오츠타에 쿠다사이
하워드씨에게 안부인사 전해 주세요.	ハワードさんによろしくってお伝えください。 하와도상니 요로시쿳떼 오츠타에 쿠다사이

2 part 사람과 만나다

37

인사를 하다

❖❖ 한동안 만날 수 없는 사람과　長い間会えない人と 나가이아이다 아에나이 히토토

작별 인사하러 왔어요.	別れの挨拶をしに来ました。	와카레노 아이사츠오 시니 키마시타
언젠가 다시 만나요.	いつかまた会いましょう。	이츠카 마타 아이마쇼우
당신과 알게 되어 정말 좋았어요.	あなたと知りあえて本当によかった。	아나타토 시리아에테 혼토우니 요캇따
당신을 그리워할 거예요.	あなたのことが恋しくなると思います。	아나타노 코토가 코이시쿠나루토 오모이마스
계속 연락해요.	ずっと連絡しましょう。	죳또 렌라쿠시마쇼우
서로 연락 끊지 맙시다.	お互いに連絡が途絶えないようにしましょう。	오타가이니 렌라쿠가 토다에나이요우니 시마쇼우
언제라도 전화해요.	いつでも電話してください。	이츠데모 뎅와시테 쿠다사이
당신 새 주소를 알려 주세요.	あなたの新しい住所を教えてください。	아나타노 아타라시이 쥬우쇼오 오시에테 쿠다사이
당신은 반드시 돌아올 거예요.	あなたは必ず戻ってくると思います。	아나타와 카나라즈 모돗떼쿠루토 오모이마스
우리 언제 다시 보죠?	いつまた会いましょうか。	이츠 마타 아이마쇼우까
내년에 다시 만나요.	来年また会いましょう。	라이넨 마타 아이마쇼우
모든 일이 다 잘 되길 빌어요.	すべてのことがうまくいくように願ってます。	스베테노 코토가 우마쿠 이쿠요우니 네갓떼마스

단 어

- 대화 : 対話、会話 타이와, 카이와
- 돌아오다 : 帰ってくる 카엣떼쿠루
- 떠나다 : 去る 사루
- 만나다 : 会う 아우
- 만남 : 出会い 데아이
- 모르는 사람 : 知らない人 시라나이히토
- 밤 : 夜 요루
- 소개 : 紹介 쇼우카이
- 소개하다 : 紹介する 쇼우카이스루
- 아는 사람 : 知りあい 시리아이
- 아침 : 朝 아사
- 안녕 : さよなら 사요나라
- 안녕 : おはよう 오하요우

- 안녕하세요 : こんにちは 콘니치와
- 언젠가 : いつか 이츠카
- 오후 : 午後 고고
- 인사 : 挨拶 아이사츠
- 인사하다 : 挨拶する 아이사츠스루
- 자기 소개하다 : 自己紹介する 지코쇼우카이스루
- 잘가 : さよ(う)なら 사요(우)나라
- 재회하다 : 再会する 사이카이스루
- 저녁 : 夕方 유우가타
- 조만간 : そのうち 소노우치
- 친한 친구 : 親友、親しい友達 신유우, 시타시이토모다치
- 헤어지다 : 別れる 와카레루
- 헤어짐 : 別れ 와카레

02 자신에 대해 말하다
自分のことについて言う 지분노 코토니츠이테 이우

❋ 가족에 대해　　家族について 카조쿠니츠이테

저는 결혼했어요.	私は結婚しています。 와타시와 켓콘시테이마스
저는 독신이에요.	私は独身です。 와타시와 도쿠신(독신)데스
저 약혼했어요.	私は婚約しています。 와타시와 콘야쿠시테이마스
아이가 있으세요?	お子さまがいらっしゃいますか。 오코사마가 이랏샤이마스까
아들이 하나, 딸이 둘 있어요.	息子が一人、娘が二人います。 무스코가 히토리, 무스메가 후타리이마스
아이는 없어요.	子どもはいません。 코도모와 이마센
가족은 몇 명이세요?	ご家族は何人ですか。 고카조쿠와 난닌데스까
부모님과 남동생, 그리고 저입니다.	両親と弟、そして私です。 료우신토 오토우토, 소시테 와타시데스
저희 집은 대가족입니다.	わが家は大家族です。 와가야와 다이카조쿠데스
형제 자매가 있나요?	兄弟はいますか。 쿄우다이와 이마스까
저는 형 한 명, 누나 한 명 있어요.	私は兄が1人、姉が1人います。 와타시와 아니가 히토리, 아네가 히토리 이마스
저는 외동이에요.	私は1人っ子です。 와타시와 히토릿꼬데스
엄마와 저는 친구 같아요.	私と母は友達みたいです。 와타시토 하하와 토모다치미타이데스
아들이 몇 살이에요?	お子さんはおいくつですか。 오코상와 오이쿠츠데스까
제 아들은 초등학교에 다녀요.	息子は小学生です。 무스코와 쇼우각세이데이
곧 아이가 태어날 거에요.	そのうち子供が生まれます。 소노우치 코도모가 우마레마스
4월에 아이가 태어날 예정이에요.	4月に子供が生まれる予定です。 시가츠니 코도모가 우마레루요테이데스
결혼한 지 3년 됩니다.	結婚して3年目になります。 켓콘시테 산넨메니나리마스

출신지에 대해　出身地（しゅっしんち）について　슛신치니츠이테

어디 출신이세요?	出身（しゅっしん）はどこですか。	슛신와 도코데스까
부산 출신이에요.	釜山出身（ブサンしゅっしん）です。	부산슛신데스
고향은 인천이에요.	故郷（ふるさと）は仁川（インチョン）です。	후루사토와 인천데스
나는 부산에서 태어나 자랐습니다.	私（わたし）は釜山（ブサン）で生（う）まれ育（そだ）ちました。	와타시와 부산데 우마레소다치마시타
서울에서 태어나 자랐어요.	私（わたし）はソウルで生（う）まれ育（そだ）ちました。	와타시와 소우루데 우마레소다치마시타
나는 태어난 이래 죽 서울에서 살고 있습니다.	私（わたし）は生（う）まれてからずっとソウルに住（す）んでいます。	와타시와 우마레테카라 즛또 소우루니 슨데이마스
우리 가족은 제가 어렸을 때 광주로 이사했어요.	私（わたし）の家族（かぞく）は私（わたし）が幼（おさな）い時（とき）、光州（クァンジュ）に引（ひ）っ越（こ）しました。	와타시노카조쿠와 와타시가 오사나이토키, 광주니 힛코시마시타
나는 7살까지 한국 제2의 도시, 부산에서 살았습니다.	私（わたし）は7歳（ななさい）まで韓国（かんこく）の第（だい）2の都市（とし）、釜山（ブサン）に住（す）んでいました。	와타시와 나나사이마데 캉코쿠노 다이니노토시, 부산니슨데이마시타
고등학교까지는 대구에서 살았어요.	高校生（こうこうせい）までは大邱（テグ）に住（す）んでいました。	코우코우세이마데와 대구니 슨데이마시타
부모님은 아직 그곳에 살고 계세요.	両親（りょうしん）はまだそこに住（す）んでいます。	료우신와 마다 소코니슨데이마스
저는 아직 그곳에 친구가 많아요.	私（わたし）はまだそこに友達（ともだち）がたくさんいます。	와타시와 마다 소코니토모다치가닥상이마스
태어나서부터 계속 서울에 살고 있어요.	生（う）まれてからずっとソウルに住（す）んでいます。	우마레테카라 즛또소우루니슨데이마스
우리 식구는 본래 전주 출신이에요.	我（わ）が家（や）はもともと全州出身（ジョンジュしゅっしん）です。	와가야와 모토모토전주슛신데스
아내와 저는 같은 고향 출신이에요.	妻（つま）と私（わたし）は同（おな）じ故郷出身（ふるさとしゅっしん）です。	츠마토와타시와 오나지후루사토슛신데스
퇴직 후에는 고향에 돌아가고 싶어요.	退職後（たいしょくご）は故郷（ふるさと）に戻（もど）りたいです。	타이쇼쿠고와 후루사토니모도리타이데스

살고 있는 도시에 대해　　住んでいる都市について 슨데이루도시니츠이테

어디 사세요?	どこに住んでいますか。 도코니슨데이마스까
나는 서울에서 살고 있습니다.	私はソウルに住んでいます。 와타시와 소우루니슨데이마스
나는 서울 근교에서 살고 있습니다.	私はソウルの近郊に住んでいます。 와타시와 소우로노킨코우니슨데이마스
우리 집은 서울에서 떨어져 있습니다.	我が家はソウルから離れています。 와가야와 소우루카리하나레테이마스
서울은 한국에서 제일 큰 도시입니다.	ソウルは韓国で一番大きい都市です。 소우루와 캉코쿠데이치방오오키이도시데스
나는 부산에서 북으로 50km되는 시에서 살고 있습니다.	私は釜山から北のほうに50km離れている市に住んでいます。 와타시와 부산카라키타노호우니 고쥿키로하나레테이루시니 슨데이마스
한국 남부의 문화, 경제의 중심지인 부산에서 살고 있습니다.	韓国の南の文化、経済の中心地である釜山に住んでいます。 캉코쿠노미나미노분카, 케이자이노츄우신치데아루 부산니슨데이마스
나는 관광명소가 많이 있는 경주에서 살고 있습니다.	私は観光名所が多い慶州に住んでいます。 와타시와 캉코우메이쇼가오오이경주니 슨데이마스
우리 시는 많은 명승지가 있는 것으로 유명합니다.	私たちの市は名勝地が多いことで有名です。 와타시타치노시와 메이쇼우치가오오이코토데 유우메이데스
우리 도시에는 유명한 절이 많습니다.	私たちの都市は有名なお寺が多いです。 와타시타치노토시와 유우메이나오테라가오오이데스
내가 사는 도시는 바다 옆에 있습니다.	私が住んでいる都市は海の近くにあります。 와타시가 슨데이루도시와 우미노치카쿠니아리마스
내가 살고 있는 도시는 온천으로 유명합니다.	私が住んでいる都市は温泉で有名です。 와타시가 슨데이루도시와 온센데유우메이데스
우리 도시는 한국에서도 가장 유명한 온천지 중 하나입니다.	私たちの都市は韓国でも一番有名な温泉地の中の一つです。 와타시타치노토시와 캉코쿠데모 이치방 유우메이나 온센치노나카노히토츠데스
나는 대전시의 조용한 주택가에서 살고 있습니다.	私は大田市の静かな住宅街に住んでいます。 와타시와대전시노시즈카나쥬우타쿠가이니 슨데이마스
내가 살고 있는 도시는 인천과 수원 사이에 있습니다.	私が住んでいる都市は仁川と水源の間にあります。 와타시가 슨데이루토시와 인천토수원노아이다니 아리마스

나는 한국의 남쪽에 있는 섬인 제주도에서 살고 있습니다.	私は韓国の南の方にある島、済州島に住んでいます。 와타시와 캉코쿠노미나미노호우니아루시마、제주도니슨데이마스
우리 가족은 아버지 대부터 대구에서 살고 있습니다.	わが家族は父の代から大邱に住んでいます。 와가카조쿠와 치치노다이카라대구니 슨데이마스
나는 강원도 동부에 위치한 강릉에서 살고 있습니다.	私は江原道の東に位置する江陵に住んでいます。 와타시와 강원도노히가시니 이치스루 강릉니슨데이마스
나는 공업 지역에 있는 도시에 살고 있습니다.	私は工業地域にある都市に住んでいます。 와타시와 코우교우치이키니아루토시 슨데이마스
우리 도시는 겨울의 대설 지역으로 유명합니다.	私たちの都市は冬の大雪地域で有名です。 와타시타치노토시와 후유노오오유키치이키데 유우메이데스
당신이 사는 도시의 인구는 어느 정도입니까?	あなたが住んでいる都市の人口はどれくらいですか。 아나타가슨데이루도시노진코우와 도레쿠라이데스까
내가 사는 도시의 인구는 10만입니다.	私が住んでいる都市の人口は10万です。 와타시가슨데이루도시노진코우와 쥬우만데스
내가 사는 곳은 인구 1000만의 대규모 도시입니다.	私が住んでいるところは人口1000万の大規模の都市です。 와타시가 슨데이루 토코로와 진코우센만노 다이키보노토시데스
내가 사는 곳은 대략 3천 명 밖에 살지 않습니다.	私が住んでいるところは約3千人しか住んでいません。 와타시가 슨데이루 토코로와 야쿠산젠닌시카 슨데이마센
우리 도시는 지난 수년 동안 인구가 조금 감소했습니다.	私たちの都市は数年の間に人口が少し減りました。 와타시타치노토시와 스우넨노아이다니 진코우가 스코시헤리마시타
큰 산의 기슭에 있는 우리 마을은 집이 50호 정도 되는 부락입니다.	大きい山のふもとにある私たちの村は50戸くらいの部落です。 오오키이야마노후모토니아루 와타시타치노무라와 고짓꼬쿠라이노부라쿠데스
그러나 우리 시의 치안은 상당히 잘 되어 있습니다.	しかし、私たちの市の治安は非常にいいです。 시카시、와타시타치노시노치안와 히죠우니이이데스
우리 도시의 인상이 어떻습니까?	私たちの都市の印象はどうですか。 와타시타치노토시노인쇼우와 도우데스까

주거 환경에 대해   居宅環境について 쿄타쿠칸쿄우니츠이테

당신은 어떤 곳에서 살고 있습니까?	あなたはどんなところに住んでいますか。 아나타와 돈나토코로니 슨데이마스까
당신은 도회지에 살고 있습니까 아니면 시골에서 삽니까?	あなたは都会地に住んでいますか、田舎に住んでいますか。 아나타와 토카이치니 슨데이마스까, 이나카니 슨데이마스까
교외에 살고 있어요.	郊外に住んでいます。 코우가이니 슨데이마스
도시 중심부에 살고 있어요.	都市中心部に住んでいます。 토시 츄우신부니 슨데이마스
시골에 살아요.	田舎に住んでいます。 이나카니 슨데이마스
우리 집은 도시 중심부에 있습니다.	我が家は都市中心部にあります。 와가야와 도시 츄우신부니 아리마스
우리 집은 자연으로 둘러싸인 조용한 지역에 있습니다.	我が家は自然に囲まれた静かな地域にあります。 와가야와 시젠니 카코마레타 시즈카나 치이키니 아리마스
우리 집은 많은 녹색 식물로 둘러싸여 있습니다.	我が家は多くの緑に囲まれています。 와가야와 오오쿠노 미도리니 카코마레테이마스
우리 집은 큰 강에 면한 제방 근처에 있습니다.	我が家は大きい川に面した堤防の近くにあります。 와가야와 오오키이 카와니 멘시타 테이보우노 치카쿠니 아리마스
우리 집은 바다를 내려다보는 언덕 위에 있습니다.	我が家は海を見下ろせる坂の上にあります。 와가야와 우미오 미오로세루 사카노우에니 아리마스
집 뒤 언덕에서 보이는 바다 경치는 최고입니다.	家の裏の坂から見える海の景色は最高です。 이에노 우라노 사카카라 미에루 우미노 케시키와 사이코우데스
나는 사방팔방 작은 산으로 둘러싸인 농촌에 살고 있습니다.	私は四方八方を小さい山で囲まれた農村に住んでいます。 와타시와 시호우핫뽀우오 치이사이야마데 카코마레타 노우손니 슨데이마스
우리 마을은 보이는 것이 온통 논뿐입니다.	私たちの村は見えるものがすべて田んぼだけです。 와타시타치노 무라와 미에루모노가 스베테 탄보다케데스
우리 도시는 산으로 둘러싸여 있어서 북쪽에서의 차가운 바람이 전혀 들어오지 않습니다.	私たちの都市は山で囲まれているので北の方からの冷たい風がぜんぜん入ってきません。 와타시타치노 토시와 야마데 카코마레테이루노데 키타노호우카라노 츠메타이카제가 젠젠하이떼키마센
우리 도시는 낙동강 하구에 있습니다.	私たちの都市は洛東江河口にあります。 와타시타치노 토시와 낙동강 카코우니 아리마스

내가 사는 곳은 도회지가 가까운 것에 비하면 시골 같은 곳입니다.	私が住んでいるところは都会から近いのに比べて、田舎のようなところです。 와타시가 슨데이루 토코로와 토카이카라 치카이노니쿠라베테, 이나카노요우나토코로데스.
우리는 중심가에 살고 있어서, 이웃으로 둘러싸여 있습니다.	私たちは中心街に住んでいるので、隣に囲まれています。 와타시타치와 츄우신가이니 슨데이루노데 토나리니 카코마레테이마스
전 여기 산지 5년이 되요.	私はここに住み始めてから5年になります。 와타시와 코코니 스미하지메테카라 고넨니나리마스
전 이 이웃이 마음에 들어요.	私はこのお隣さんが気に入りました。 와타시와 코노오토나리상가 키니이리마시타
조용한 주택가에요.	静かな住宅街です。 시즈카나 쥬우타쿠가이데스
제 집은 역에서부터 걸어 10분 정도 걸려요.	私の家は駅から歩いて10分ぐらいかかります。 와타시노 이에와 에키카라 아루이테 줏뿐구라이 카카리마스
가장 가까운 역은 혜화역이에요.	一番近い駅はヘファ駅です。 이치방 치카이 에키와 헤화에키데스

✽✽ 주거 시설에 대해 住宅施設について 쥬우타쿠시세츠니 츠이테

아파트에 살고 있어요.	アパートに住んでいます。 아파-토니슨데이마스
빌라에 살아요.	マンションに住んでいます。 만숀니 슨데이마스
집을 한 채 가지고 있어요.	一軒家を持っています。 잇켄야오 못떼이마스
사택에 살고 있어요.	社宅に住んでいます。 샤타쿠니 슨데이마스
우리 집은 빌라입니다.	我が家はマンションです。 와가야와 만숀데스
우리 집은 빌라의 10층입니다.	我が家はマンションの10階です。 와가야와 만숀노 줏까이데스
나는 공영 아파트에서 살고 있습니다.	私は公営アパートに住んでいます。 와타시와 코우에이아파-토니 슨데이마스
내가 살고 있는 아파트는 시영입니다.	私が住んでいるアパートは市営です。 와타시가 슨데이루 아파-토와 시에이데스
10층짜리 아파트 5층에서 살고 있습니다.	10階建てのアパートの5階に住んでいます。 쥿까이다테노 아파-토노 고카이니 슨데이마스
제 아파트에서는 애완동물을 기를 수 없어요.	私のアパートではペットが飼えません。 와타시노 아파-토데와 펫토가 카에마센

우리는 개 두 마리를 길러요.	私たちは犬を二匹飼っています。
우리는 한옥 집에서 살아요.	私たちは韓国家屋に住んでいます。
우리 집은 지은 지 30년 됐어요.	我が家は建ててから３０年になります。
우리 집은 목조로 된 단층집입니다.	我が家は木造の一戸建てです。
우리는 2층짜리 목조 주택에서 살고 있습니다.	私たちは2階建ての木造住宅に住んでいます。
우리 집은 2층짜리 철근 주택입니다.	我が家は2階建ての鉄筋住宅です。
우리 집은 단독 주택인데, 근처 다른 집들과 마찬가지로 정원이 거의 없습니다.	我が家は一戸建てですが、近くの他の家と同じように庭がほとんどありません。
우리 집은 침실 셋, 거실과 부엌이 각각 하나입니다.	我が家は３LDKです。
우리는 셋집에서 살고 있습니다.	私たちは貸家に住んでいます。
나는 지금 셋집을 찾고 있는 중입니다.	私は今貸家を探しています。
내 방은 2층인데 남쪽에 면하고 있습니다.	私の部屋は2階ですが、南の方に面しています。
제일 햇빛이 잘 드는 방을 사용하고 있습니다.	一番日差しが入りやすい部屋を使っています。
우리 집에는 방이 일곱 개가 있어서 우리한테는 충분한 넓이입니다.	我が家には部屋が七つあるので、私たちには十分な広さです。
나는 형과 방을 같이 쓰고 있습니다.	私は兄と一緒に部屋を使っています。
우리 집 뒤뜰에는 다양한 종류의 꽃들이 심어져 있습니다.	我が家の裏庭には様々な種類の花が植えてあります。
그것들은 사계절에 따라 그때그때 꽃을 피워 우리들의 눈을 즐겁게 해줍니다.	それらは季節によってその時その時で花を咲かせ、私たちの目を楽しませてくれます。

❋❋ 이사에 대해 　　引越しについて 힛코시니 츠이테

이번 일요일에 현 주소를 떠납니다.	今度の日曜日に現住所を去ります。	콘도노 이치요우비니 겐쥬우쇼오 사리마스
새 집이 완성되었기 때문에 내주 적당한 때에 우리는 그쪽으로 옮깁니다.	新しい家が完成したため、来週のいい時に 新たちはそちらに引っ越します。	아타라시이이에가 칸세이시타타메, 라이슈우노이이토키니 와타시타치와 소치라니 힛코시마스
우리는 2개월 후에 영동 지역으로 이사합니다.	私たちは2ヶ月後嶺東地域に引っ越します。	와타시타치와 니카게츠고 영동치이키니 힛코시마스
당신이 이 편지를 받을 때쯤에는 나는 이미 새 주소로 옮긴 후일 것입니다.	あなたがこの手紙を受け取る時頃は、私はもう 新しい住所に引っ越した後だと思います。	아나타가 코노테가미오 우케토루토키고로와 와타시와 모우아타라시이 쥬우쇼니 힛코시타아토다토오모이마스
우리는 지난주, 아래 주소로 이사했다는 사실을 알려 드립니다.	私たちは先週、以下の住所に引越したことを お知らせします。	와타시타치와 센슈우, 이카노 쥬우쇼니 힛코시타코토오 오시라세시마스
작년에 부산에서 이사 왔어요.	去年釜山に引っ越して来ました。	쿄넨 부산니 힛코시테키마시타
우리의 새 주소는 다음과 같습니다.	私たちの新しい住所は以下の通りです。	와타시타치노 아타라시이 쥬우쇼와 이카노토오리데스
우리의 새 주소는 우편번호 135-806, 서울 강남구 개포동 경남아파트입니다.	私たちの新しい住所は郵便番号135-806、 ソウル江南区ゲポ洞慶南アパートです。	와타시타치노아타라시이 쥬우쇼와 유우빙방고우 이치산고노 하치제로로쿠, 서울 강남구 개포동 경남아파-토데스
재건축을 생각중이에요.	再建築を考え中です。	사이켄치쿠오 캉가에츄우데스
다른 곳으로 이사하고 싶어요.	他のところに引越したいです。	호카노 토코로니 힛코시타이데스

❋❋ 나이에 대해 　　年について 토시니 츠이테

저는 현재 38세입니다.	私は現在３８歳です。	와타시와 겐자이 산쥬우핫사이데스
저는 다음 달에 22살이 됩니다.	私は来月２２歳になります。	와타시와 라이게츠 니쥬우니사이니 나리마스
저는 6월 10일로 20살이 됩니다.	私は６月１０日に２０歳になります。	와타시와 로쿠가츠토오카니 하타치니 나리마스

저는 27살이지만, 이제 곧 28살이 됩니다.	私は２７歳ですが、もうすぐ２８歳になります。	와타시와 니쥬우나나사이데스가, 모우스구 니쥬우핫사이니 나리마스
저는 당신과 같은 나이입니다.	私はあなたと同い年です。	와타시와 아나타토 오나이도시데스
저는 당신과 같은 28살입니다.	私はあなたと同い年の２８歳です。	와타시와 아나타토 오나이도시노 니쥬우핫사이데스
저는 11월 20일에 당신과 같은 나이가 됩니다.	私は１１月２０日にあなたと同い年になります。	와타시와 쥬우이치가츠 하츠카니 아나타토 오나이도시니 나리마스
저는 당신보다 두 살 연상입니다.	私はあなたより２歳年上です。	와타시와 아나타요리 니사이토시우에데스
저는 당신보다 다섯 살 연하입니다.	私はあなたより５歳年下です。	와타시와 아나타요리 고사이토시시타데스
곧 30이 된다니 믿어지지 않아요.	もう３０になるなんて信じられないです。	모우 산쥬우니 나루난테 신지라레나이데스

생일에 대해 誕生日について 탄죠우비니 츠이테

저는 1970년 7월 4일에 태어났습니다.	私は１９７０年７月４日に生まれました。	와타시와 센큐우햐쿠나나쥬우넨 시치가츠욧카니 우마레마시타
내 생일은 5월 7일입니다.	私の誕生日は５月７日です。	와타시노 탄죠우비와 고가츠나노카데스
내 생일은 3월 28일로, 산양자리입니다.	私の誕生日は３月２８日で、山羊座です。	와타시노 탄죠우비와 산가츠 니쥬우하치니치데, 야기자데스
당신의 생일은 언제입니까?	あなたの誕生日はいつですか。	아나타노 탄죠우비와 이츠데스까
당신은 언제 태어났습니까?	あなたはいつ生まれましたか。	아나타와 이츠 우마레마시타까
	あなたは何年生まれですか。	아나타와 난넨우마레데스까

신체 조건에 대해 身体条件について 신타이죠우켄니 츠이테

키가 얼마예요?	身長はどのくらいですか。	신쵸우와 도노쿠라이데스까
내 키는 170cm입니다.	私の身長は170cmです。	와타시노 신쵸우와 햐쿠나나쥬우센치데스
저는 보통 키입니다.	私は普通の身長です。	와타시와 후츠우노 신쵸우데스

저는 키가 큽니다.	私は背が高いです。 와타시와 세가 타카이데스
좀더 키가 크면 좋겠어요.	もっと背が高ければいいと思います。 못또 세가 타카케레바 이이토오모이마스
저는 키가 작고 말랐습니다.	私は背が低くてやせています。 와타시와 세가 히쿠쿠테 야세테이마스
스무 살의 남자로는 평균입니다.	二十歳の男としては平均です。 하타치노 오토코토시테와 헤이킨데스
저는 중간 키에 중간 체격입니다.	私は普通ぐらいの背で普通ぐらいの体格です。 와타시와 후츠우구라이노 세데 후츠우구라이노 타이카쿠데스
저는 여자로서는 키가 큽니다.	私は女としては背が高いです。 와타시와 온나토시테와 세가 타카이데스
저는 나이에 비해 키가 작습니다.	私は年に比べて背が低いです。 와타시와 토시니쿠라베테 세가 히쿠이데스
체중은 어느 정도예요?	体重はどれくらいですか。 타이쥬우와 도레쿠라이데스카
65킬로그램 정도예요.	65キログラムくらいです。 로쿠쥬우고키로구라무쿠라이데스
저는 마른 편입니다.	私はやせている方です。 와타시와 야세테이루호우데스
저는 뚱뚱한 편입니다.	私は太っている方です。 와타시와 후톳떼이루호우데스
저는 살이 많이 쪘습니다.	私はけっこう太りました。 와타시와 켓꼬우 후토리마시타
전 단단한 체격이에요.	私はがっしりした体つきです。 와타시와 갓시리시타 카라다츠키데스
저는 신장에 비해 체중이 좀 나갑니다.	私は身長に比べて体重が重いです。 와타시와 신쵸우니 쿠라베테 타이쥬우가 오모이데스
저는 지난 1년간 10킬로나 살이 쪘습니다.	私は以前1年間10キロも太りました。 와타시와 이젠 이치넨칸 줏키로모 후토리마시타
좀더 늘씬한 체격이 되고 싶어요.	もっとすらりとした体つきになりたいです。 못또 스라리토시타 카라다츠키니 나리타이데스

✻✻ 얼굴에 대해　　顔について 카오니 츠이테

전 얼굴이 길어요.	私は顔が長いです。 와타시와 카오가 나가이데스
전 갸름한 얼굴형이에요.	私はやや細長めの顔つきです。 와타시와 야야호조나가메노 카오츠키데스
제 얼굴형은 사각이에요.	私の顔は四角いです。 와타시노 카오와 시카쿠이데스

저는 아버지의 모습을 물려받았습니다.	私は父の面影を譲り受けました。 와타시와 치치노 오모카게오 유즈리우케마시타
저는 엄마를 닮았습니다.	私は母に似ています。 와타시와 하하니 니테이마스
언니와 저는 많이 닮았어요.	姉と私はよく似ています。 아네토 와타시와 요쿠 니테이마스
실제 나이보다는 젊어 보이는 것 같아요.	実際の年より若く見えると思います。 짓사이노 토시요리 와카쿠 미에루토오모이마스
저는 이마가 넓습니다.	私は額が広いです。 와타시와 히타이가 히로이데스
전 이마가 좁아요.	私は額が狭いです。 와타시와 히타이가 세마이데스
저는 여드름이 있습니다.	私はにきびがあります。 와타시와 니키비가 아리마스
전 주근깨가 있어요.	私はそばかすがあります。 와타시와 소바카스가 아리마스
저는 뺨에 보조개가 있습니다.	私はほっぺたにえくぼがあります。 와타시와 홋뻬타니 에쿠보가 아리마스
웃으면 보조개가 생깁니다.	笑うとえくぼができます。 와라우토 에쿠보가 데키마스
저는 잘생겼다고 생각하지 않습니다.	私はハンサムだと思わないです。 와타시와 한사무다토 오모와나이데스
제 친구는 제가 미인이라고 합니다.	私の友達は私が美人だと言っています。 와타시노 토모다치와 와타시가 비진다토 잇떼이마스
저는 근시입니다.	私は近視です。 와타시와 킨시데스
저는 원시입니다.	私は遠視です。 와타시와 엔시데스
저는 평상시 안경을 씁니다.	私は通常めがねをかけます。 와타시와 츠우죠우 메가네오 카케마스
저는 안경 대신 콘택트렌즈를 착용합니다.	私はめがねのかわりにコンタクトを着用します。 와타시와 메가네노카와리니 콘타쿠토오 챠쿠요우시마스
운전할 때는 안경이 필요해요.	運転する時はめがねが必要です。 운텐스루토키와 메가네가 히츠요우데스
제 매력 포인트는 예쁜 눈이라고 생각합니다.	私の魅力ポイントはきれいな目だと思います。 와타시노 미료쿠포인토와 키레이나 메다토오모이마스
저는 홑꺼풀입니다.	私は一重まぶたです。 와타시와 히토에마부타데스
제 코는 주먹코입니다.	私の鼻は団子鼻です。 와타시노 하나와 단고바나데스
제 코는 납작합니다.	私は鼻ぺちゃです。 와타시와 하나페챠데스

사람과 만나다

49

자신에 대해 말하다

저는 멋진 모양의 코를 가지고 있습니다.	私は素敵な鼻を持っています。	와타시와 스테키나 하나오 못떼이마스
저는 매부리코입니다.	私はわしばなです。	와타시와 와시바나데스
저는 제 치열이 싫습니다.	私は私の歯並びが嫌いです。	와타시와 와타시노 하나라비가 키라이데스
저는 치열교정을 하고 있습니다.	私は歯並びの矯正をしています。	와타시와 하나라비노 쿄우세이오 시테이마스
저는 치열교정을 했습니다.	私は歯並びの矯正をしました。	와타시와 하나라비노 쿄우세이오 시마시타
타고난 곱슬머리예요.	生まれつきのくせ毛です。	우마레츠키노 쿠세게데스
갈색으로 염색했어요.	茶色に染めました。	챠이로니 소메마시타
흰머리가 있어요.	白髪があります。	시라가가 아리마스
최근 눈에 띄게 흰머리가 늘고 있습니다.	最近著しく白髪が増えています。	사이킨 이치지루시쿠 시라가가 후에테이마스
콧수염을 기르고 있습니다.	鼻ひげを伸ばしています。	하나히게오 노바시테이마스

❄ 성격에 대해   性格について   세이카쿠니 츠이테

당신은 어떤 성격이에요?	あなたはどんな性格ですか。	아나타와 돈나세이카쿠데스카
저는 아주 꼼꼼합니다.	私はとても几帳面です。	와타시와 토테모 키쵸우멘데스
천성적으로 수줍음을 잘 탑니다.	生まれつきの恥ずかしがり屋です。	우마레츠키노 하즈카시가리야데스
내성적인 편이에요.	内向的な方です。	나이코우테키나 호우데스
낯을 가려요.	好き嫌いがあります。	스키기라이가 아리마스
마음을 여는 데 시간이 걸려요.	心を開くのに時間がかかります。	코코로오 히라쿠노니 지칸가 카카리마스
그다지 사교적이지는 않아요.	あまり社交的ではないです。	아마리 샤코우테키데와 나이데스
외출하는 것보다 집에 있는 것을 좋아합니다.	外出するより家にいる方が好きです。	가이슈츠스루요리 이에니 이루호우가 스키데스
이전에 비해서는 꽤 사교성이 생겼어요.	以前に比べてかなり社交的になりました。	이젠니 쿠라베테 카나리 샤코우테키나 나리마시타
좀더 적극적인 편이 좋다고 생각해요.	もっと積極的な方がいいと思います。	못또 셋쿄쿠테키나 호우가 이이토오모이마스

전 쾌활하고 사교적이에요.	私は快活で社交的です。	와타시와 카이카츠데 샤코우테키데스
보기보다 덜렁대는 성격입니다.	見た目よりそそっかしいです。	미타메요리 소솟까시이데스
무슨 일에나 금방 싫증을 냅니다.	なんでもすぐ飽きます。	난데모스구 아키마스
조금 말이 많습니다.	少し口うるさいです。	스코시 쿠치우루사이데스
저는 제 자신이 과묵하다고 생각합니다.	私は自分が寡黙だと思います。	와타시와 지분가 가모쿠다토오모이마스
얌전한 편입니다.	おとなしい方です。	오토나시이호우데스
저는 누구하고나 잘 지냅니다.	私は誰とでもよく付き合います。	와타시와 다레토데모요쿠 츠키아이마스
누구하고나 스스럼없이 이야기를 나눕니다.	誰とでも気安く話します。	다레토데모 키야스쿠 하나시마스
손재주가 없는 사람입니다.	手先が不器用な人です。	테사키가 부키요우나히토데스
손재주가 있어서 무엇이든 할 수 있습니다.	手先が器用で何でもできます。	테사키가 키요우데 난데모데키마스
한 번에 두 가지 일을 할 수 있습니다.	いっぺんに二つのことができます。	잇뻰니 후타츠노코토가 데키마스
잘 웃는 성격입니다.	よく笑う性格です。	요쿠 와라우 세이카쿠데스
전 책임감이 강한 사람입니다.	私は責任感が強い人です。	와타시와 세키닌칸가 츠요이히토데스
내향적인 성격입니다.	内向的な性格です。	나이코우테키나 세이카쿠데스
외향적인 성격이에요.	外向的な性格です。	가이코우테키나 세이카쿠데스
기본적으로는 낙천가입니다.	基本的には楽天家です。	키혼테키니와 라쿠텐카데스
사람들과 이야기하는 것을 좋아합니다.	人と話すのが好きです。	히토토하나스노가 스키데스
저는 장남이기 때문에 견실하다는 말을 듣습니다.	私は長男なので堅実だと言われます。	와타시와 쵸우난나노데 켄지츠다토이와레마스
독립심이 강합니다.	独立心が強いです。	도쿠리츠신가 츠요이데스
저는 깨끗한 걸 좋아합니다.	私はきれいなことが好きです。	와타시와 키레이나코토가 스키데스
눈물이 많은 성격입니다.	涙もろい性格です。	나미다모로이 세이카쿠데스
보기에는 냉정한 현실주의자이지만, 실제로는 다정다감합니다.	見た目は冷淡な現実主義者ですが、実際は多情多感です。	미타메와 레이탄나 겐지츠슈기샤데스가, 짓사이와 타죠우타칸데스

2부 사람과 만나다

자신에 대해 말하다

사람들을 돌보는 것을 좋아합니다.	人の面倒を見るのが好きです。	히토노 멘도우오 미루노가 스키데스
사람들은 내게 음울한 면이 있다고 합니다.	他の人たちは私に陰鬱な面があると言います。	호카노히토타치와 와타시니 인우츠나 멘가 아루토 이이마스
그러나 그것은 견해상의 문제라고 생각합니다.	しかし、それは見解上の問題だと思います。	시카시, 소레와 켄카이죠우노 몬다이다토오모이마스
좀 성격이 급한 편입니다.	ちょっと気が短い方です。	춋또 키가 미지카이호우데스
완벽주의자입니다.	完璧主義です。	칸베키슈기데스
결단이 빠른 편입니다.	決断が速いほうです。	케츠단가 하야이호우데스
가끔 우유부단한 면이 있어요.	時々優柔不断な面があります。	토키도키 유우쥬우후단나 멘가 아리마스
시간을 지키는 편입니다.	時間を守るほうです。	지칸오 마모루호우데스
다른 사람이 저를 어떻게 생각하는지에 민감합니다.	他人が私のことをどう思っているのかに敏感です。	타닌가 와타시노코토오 도우 오못떼이루노카니 빈칸데스

❈❈ 직업에 대해　職業について　쇼쿠교우니츠이테

하시는 일이 뭐예요?	なさっているお仕事は何ですか。	나삿떼이루오시고토와 난데스까
저는 서울의 백화점에서 일합니다.	私はソウルのデパートで働いています。	와타시와 소우루노데파-토데 하타라이테이마스
장난감 매장을 담당하고 있습니다.	おもちゃの売り場を担当しています。	오모챠노우리바오 탄토우시테이마스
ABC회사에서 근무하고 있습니다.	ABC会社に勤めています。	에이비시카이샤니 츠토메테이마스
컴퓨터 회사 사원입니다.	コンピュータ会社の社員です。	콘퓨-타카이샤노 샤인데스
컴퓨터 기술자입니다.	コンピュータの技術者です。	콘퓨-타노기쥬츠샤데스
컴퓨터 관계 일을 하고 있어요.	コンピュータ関係の仕事をしています。	콘퓨-타칸케이노시고토오시테이마스
자동차 회사에서 기술자로 일하게 되었습니다.	自動車会社で技術者として働くようになりました。	지도우샤카이샤데 기쥬츠샤토시테 하타라쿠요우니 나리마시타

영업맨이에요.	営業マンです。 에이교우만데스
저는 부동산 회사에서 영업을 하고 있습니다.	私は不動産会社で営業をしています。 와타시와 후도우산카이샤데 에이교우오시테이마스
전 은행원이에요.	私は銀行員です。 와타시와 긴코우잉데스
대학을 나온 후 계속 하나은행에서 일하고 있습니다.	大学を卒業後、ずっとハナ銀行で働いています。 다이가쿠오 소츠교우고, 즛또 하나긴코우데 하타라이테이마스
공무원입니다.	公務員です。 코우무잉데스
부산에서 무역상을 하고 있습니다.	釜山で貿易商をしています。 부산데 보우에키쇼우오 시테이마스
무역회사에서 사무원으로 일하고 있습니다.	貿易会社で事務員として働いています。 보우에키카이샤데 지무인토시테 하타라이테이마스
고등학교에서 영어 교사를 하고 있습니다.	高校で英語の教師をやっています。 코우코우데 에이고노쿄우시오 얏테이마스
아버지의 뒤를 이어 현재 여러 가지 야채를 재배하고 있습니다.	父の後を継いでいろいろな野菜を栽培しています。 치치노아토오 츠이데 이로이로나야사이오 사이바이시테이마스
큰 여행 대리점에서 일한 지 금년으로 5년이 됩니다.	大きい旅行代理店で働き始めて今年で 5年目になります。 오오키이 료코우다이리텐데 하타라키하지메테 코토시데 고넨메니나리마스
파트타임으로 일하고 있어요.	パートタイムで働いています。 파-토타이무데 하타라이테이마스
직업을 바꿀까 생각하고 있습니다.	仕事を変えようかと思っています。 시고토오 카에요우카토오못떼이마스
지난 달에 10년 동안 일했던 증권회사를 그만두었습니다.	先月10年間働いた証券会社を辞めました。 센게츠 쥬우넨칸 하타라이타 쇼우켄카이샤오 야메마시타
지금은 일하지 않습니다.	今は働いていません。 이마와 하타라이테 이마센
실업중입니다.	失業中です。 시츠교우츄우데스
일을 찾고 있는 중입니다.	仕事を探しています。 시고토오 사가시테이마스

직장에 대해 / 職場について 쇼쿠바니츠이테

회사는 어디에 있어요?	会社はどこにありますか。	카이샤와 도코니 아리마스까
회사는 서울역 근처예요.	会社はソウル駅の近くです。	카이샤와 소우루에키노 치카쿠데스
출근은 어느 정도 걸려요?	出勤はどれくらいかかりますか。	슛킨와 도레쿠라이카카리마스카
그 일에 종사한 지 얼마나 되었나요?	その仕事に就いてどのくらいになりましたか。	소노시고토니 츠이테 도노쿠라이니 나리마시타까
아직 신참이고 배울 게 많아요.	まだ新入社員で勉強することが多いです。	마다 신뉴우샤잉데 벤쿄우스루코토가 오오이데스
지금 일이 마음에 들어요.	今の仕事が気に入っています。	이마노 시고토가 키니잇떼이마스
자주 잔업을 합니다.	たびたび残業をします。	타비타비 잔교우오시마스
과장으로 승진했습니다.	課長に昇進しました。	카쵸우니 쇼우신시마시타
몇 년 후면 정년이에요.	何年か後には定年です。	난넨카고니 와 테이넨데스
우리 회사는 5일근무제입니다.	わが社は5日勤務制です。	와가샤와 이츠카킨무세이데스

학교에 대해 / 学校について 각코우니츠이테

저는 학생이에요.	私は学生です。	와타시와 각세이데스
대학생입니다.	大学生です。	다이각세이데스
법학부입니다.	法学部です。	호우가쿠부데스
역사를 전공하고 있어요.	歴史を専攻しています。	레키시오 센코우시테이마스
교사 자격을 따기 위해 공부하고 있습니다.	教師の資格をとるために勉強しています。	쿄우시노 시카쿠오 토루타메니 벤쿄우시테이마스
전문학교에 다니고 있어요.	専門学校に通っています。	센몬각코우니 카욧떼이마스
회계학을 공부하고 있어요.	会計学を勉強しています。	카이케이가쿠오 벤쿄우시테이마스
대학 수험 공부중이에요.	大学受験の勉強をしています。	다이가쿠쥬켄노 벤쿄우시테이마스

어느 학교에 다녀요?	どこの学校に通っていますか。	도코노각코우니 카욧떼이마스까
동국대학교에 다니고 있어요.	東国大学に通っています。	동국다이가쿠니 카욧떼이마스
몇 학년입니까?	何年生ですか。	난넨세이데스까
4학년이에요.	4年生です。	요넨세이데스
내년에 졸업할 거예요.	来年卒業します。	라이넨 소츠교우시마스
대학원생입니다.	大学院生です。	다이가쿠인세이데스
대학원에 가려고 생각하고 있어요.	大学院に入ろうと思っています。	다이가쿠인니 하이로우토 오못떼이마스
고등학생 가정교사를 하고 있어요.	高校生の家庭教師をやっています。	코우코우세이노 카테이쿄우시오 얏떼이마스
경희대학교 출신입니다.	キョンヒ大学の出身です。	경희다이가쿠노 슛신데스
충북대학교를 졸업했습니다.	忠北大学を卒業しました。	충북다이가쿠오 소츠교우시마시타
경남대학교에서 석사 학위를 받았습니다.	慶南大学で修士の学位を取りました。	경남다이가쿠데 슈우시노가쿠이 토리마시타
외국에서 공부하고 싶어요.	外国で勉強したいです。	가이코쿠데 벤쿄우시타이데스
미국 유학을 계획하고 있습니다.	アメリカの留学を計画しています。	아메리카노류우가쿠오 케이카쿠시테이마스
가까운 장래에 유학을 가고 싶습니다.	近いうち留学したいです。	치카이우치 류우가쿠시타이데스
일본 문화를 연구하기 위해 도쿄로 유학을 가고 싶습니다.	日本文化を研究するため東京に留学したいです。	니혼분카오 켄큐우스루타메 토우쿄우니 류우가쿠시타이데스

❋❋❋ 장래 희망에 대해 / 将来希望について 쇼우라이키보우니 츠이테

디자이너가 되기 위한 공부를 하고 있습니다.	デザイナーになるための勉強をしています。	데자이나-니 나루타메노 벤쿄우 시테이마스
패션업계에서 일하고 싶어요.	ファッション業界で働きたいです。	홧숀교우카이데 하타라키타이데스
대학을 졸업하면 변호사가 될 생각입니다.	大学を卒業したら弁護士になるつもりです。	다이가쿠오 소츠교우시타라 벤고시니나루츠모리데스
외국에서 근무하고 싶어요.	外国で働きたいです。（勤務）	가이코쿠데 하타라키타이데스

한국어	일본어 (후리가나 / 발음)
항공회사에 취직하고 싶습니다.	航空会社に就職したいです。 코우쿠우카이샤니 슈우쇼쿠시타이데스
아버지가 영어교사라서 저도 교사가 되려고 합니다.	父が英語の教師なので私も教師になろうと思います。 치치가 에이고노 쿄우시나노데 와타시모 쿄우시니 나로우토 오모이마스
글쓰기를 좋아해서 가능하면 소설가가 되었으면 합니다.	文章を書くことが好きで、できれば小説家になろうと思っています。 분쇼우오 카쿠코토가 스키데, 데키레바 쇼우세츠카니 나로우토 오못떼이마스
내 포부는 의사가 되는 것입니다.	私の抱負は医者になることです。 와타시노 호우후와 이샤니 나루코토데스
왜냐하면 사람의 생명을 구할 수 있기 때문입니다.	なぜなら人の命を救うことができるからです。 나제나라 히토노 이노치오 스쿠우코토가 데키루카라데스
저는 가수가 되고 싶지만, 부모님께서 그 생각에 반대하고 계십니다.	私は歌手になりたいですが、両親からその考えを反対されています。 와타시와 카슈니 나리타이데스가, 료우신카라소노 캉가에오 한타이사레테이마스
저는 대학에서 저널리즘을 공부해, 장래에는 신문사에서 일해 보고 싶습니다.	私は大学でジャーナリズムを勉強し、将来は新聞社で働いてみたいです。 와타시와 다이가쿠데 쟈–나리즈무오 벵쿄우시, 쇼우라이와 신분샤데 하타라이테미타이데스

단 어

●● 성격

가정적인 : 家庭的な 카테이테키나	내향적인 : 内向的な 나이코우테키나
감수성이 예민한 : 感受性が鋭敏な 칸쥬세이가 에이빈나	냉담한 : 冷淡な 레이탄나
거만한 : 傲慢な 고우만나	느낌이 좋은 : 感じのいい 칸지노이이
겁 많은 : 怖がりな 코와가리나	마음이 넓은 : 心の広い 코코로노 히로이
게으른 : 怠けた 나마케타	마음이 대범한 : 心の度量が大きい 코코로노 도료우가 오오키이
경솔한 : 軽率な 케이소츠나	마음이 따뜻한 : 心の温かい 코코로노 아타타카이
고지식한 : きまじめな 키마지메나	매력적인 : 魅力的な 미료쿠테키나
고집 센 : 頑固な 간코나	머리가 좋은 : 頭がいい 아타마가 이이
관대한 : 寛大な 칸다이나	믿음직한 : 頼もしい 타노모시이
교양이 있는 : 教養のある 쿄우요우노아루	밝은 : 明るい 아카루이
교활한 : ずるい 즈루이	방향 감각이 없는 : 方向感覚がない 호우코우칸카쿠가나이
근면한 : 勤勉な 킨벤나	분별 있는 : 分別のある 분베츠노아루
꼼꼼한 : きちょうめんな 키쵸우멘나	불친절한 : 不親切な 후신세츠나
끈기 있는 : 根気のある 콘키노아루	불쾌한 : 不快な 후카이나
나서기 잘하는 : 人前に出るのが得意な 히토마에니 데루노가 토쿠이나	붙임성 있는 : 人当たりがいい 히토아타리가이이
	사교적인 : 社交的な 샤코우테키나

사근사근한 : 愛想がいい 아이소우가이이
상상력이 풍부한 : 想像力が豊富な 소우조우료쿠가 호우후나
성격 : 性格 세이카쿠
수다스러운 : おしゃべりな 오샤베리나
수줍음 타는 : はにかみ屋の 하니카미야노
순진한 : 純真な 준신나
신경질적인 : 神経質の 신케이시츠노
신중한 : 慎重な 신쵸우나
약삭빠른 : すばしこい 스바시코이
양심적인 : 良心的な 료우신테키나
예의 바른 : 礼儀正しい 레이기타다시이
예의를 모르는 : 礼儀を知らない 레이기오시라나이
온화한 : 温和な 옹와나
우아한 : 優雅な 유우가나
유능한 : 有能な 유우노우나
유머가 안 통하는 : ユーモアが通じない 유-모아가 츠우지나이
유머가 풍부한 : ユーモアが豊富な 유-모아가 호우후나
유쾌한/매혹적인 : 愉快な／魅惑的な 유카이나/미와쿠테키나
융통성 있는 : 融通のきく 유우즈우노키쿠
이중인격인 : 二重人格の 니쥬우진카쿠노
인색한 : けち臭い 케치쿠사이
자기본위인 : 自己本位の 지코혼이노
자기중심적인 : 自己中心的な 지코츄우신테키나
재미있는 : おもしろい 오모시로이
정열적인 : 情熱的な 죠우네츠테키나
정직한 : 正直な 쇼우지키나
제멋대로인 : わがままな 와가마마나
조급한 : 早急な 소우큐우나
조심성 있는 : 注意深い 츄우이부카이
조용한 : 静かな 시즈카나
지각 있는 : 分別のある 훈베츠노아루
지기 싫어하는 : 負けず嫌いの 마케즈기라이노
총명한 : 聡明な 소우메이나
추잡스러운 : いやらしい 이야라시이

충동적 성격인 : 衝動的な性格の 쇼우도우테키나 세이카쿠노
친절한 : 親切な 신세츠나
침울한 : 沈鬱な 친우츠나
쾌활한 : 快活な 카이카츠나
탐욕스러운 : 貪欲な 도요쿠나
태평스러운 : のんきな 농키나
태평한 : のんきな 농키나
평범한 : 平凡な 헤이본나
합리적인 : 合理的な 고우리테키나
현명한 : 賢明な 켄메이나
호기심이 왕성한 : 好奇心の旺盛な 코우키신노 오우세이나
활발한 : 活発な 캇빠츠나

●● 외모

근시의 : 近視の 킨시노
날씬하다 : すらりとしている 스라리토시테이루
뚱뚱하다/마르다 : 太っている／やせている 후톳테이루/야세테이루
(체중이) 많이 나가다/적게 나가다 :
  (体重が)相当ある／それほどない
  (타이쥬우가)소우토우아루/소레호도나이
외모 : 外見 가이켄
체중 : 体重 타이쥬우
콧수염 : 鼻ひげ 하나히게
키 : 背 세
부(部)과장 : 部課長 부카쵸우
전문이사역 : 専門取締役 센몬토리시마리야쿠
상무이사역 : 常務取締役 죠우무토리시마리야쿠
감사 : 監事 칸지
상담역 : 相談役 소우단야쿠
고문 : 顧問 코몬
부장대리 : 部長代理 부쵸우다이리
차장 : 次長 지쵸우
과장 : 課長 카쵸우
과장대리 : 課長代理 카쵸우다이리
과장보좌 : 課長補佐 카쵸우호사

계장 : **係長** 카카리쵸우	기획 : **企画** 키카쿠
비서 : **秘書** 히쇼	기술 : **技術** 기쥬츠
사장 비서 : **社長秘書** 샤쵸우히쇼	경리/회계 : **経理／会計** 케이리/카이케이
공장장 : **工場長** 코우죠우쵸우	연구개발 : **研究開発** 켄큐우카이하츠
지점장 : **支店長** 시텐쵸우	연구소 : **研究所** 켄큐우쇼
정무차관 : **政務次官** 세이무지칸	감사 : **監事** 칸지
사무차관 : **事務次官** 지무지칸	홍보 : **広報** 코우호우
육상(해상, 항공) 자위관 : **陸上(海上、航空)自衛官** 리쿠죠우, 카이죠우, 코우쿠우 지에이칸	자회사 : **子会社** 코가이샤
	국제 : **国際** 콕사이
역장 : **駅長** 에키쵸우	서비스 : **サービス** 사-비스
경찰서장 : **警察署長** 케이사츠쇼쵸우	재무 : **財務** 자이무
(조)교수 : **(助)教授** (죠)쿄우쥬	지점 : **支店** 시텐
비상근강사 : **非常勤講師** 히죠우킨코우시	사장실 : **社長室** 샤쵸우시츠
전임강사 : **専任講師** 센닌코우시	상품개발 : **商品開発** 쇼우힌카이하츠
편집장 : **編集長** 헨슈우쵸우	인사 : **人事** 진지
부편집장 : **副編集長** 후쿠헨슈우쵸우	제조 : **製造** 세이조우
키가 크다 / 키가 작다 : **背が高い／背が低い** 세가 타카이/세가 히쿠이	광고 : **広告** 코우코쿠
	총무 : **総務** 소우무
턱수염 : **あごひげ** 아고히게	조사 : **調査** 쵸우사
	통신 : **通信** 츠우신
●●**학교, 회사**	판매 : **販売** 한바이
구직활동 : **求職活動** 큐우쇼쿠카츠도우	판매 촉진 : **販売促進** 한바이속신
전문학교 : **専門学校** 센몬갓코우	비서실 : **秘書室** 히쇼시츠
전공(하다) : **専攻(する)** 센코우스루	무역 : **貿易** 보우에키
졸업하다 : **卒業する** 소츠교우스루	무역 본부 : **貿易本部** 코우에키혼부
아르바이트 : **アルバイト** 아루바이토	법무 : **法務** 호우무
일 : **仕事** 시고토	본사 : **本社** 혼샤
직업 : **職業** 쇼쿠교우	수출 : **輸出** 유슈츠
본부, 사업부 : **本部、事業部** 혼부, 지교우부	수입 : **輸入** 유뉴우
부(部) : **部** 부	노사관계 : **労使関係** 로우시칸케이
과(課) : **課** 카	이사, 중역 : **取締、重役** 토리시마리, 쥬우야쿠
광고부[과] : **広告部(課)** 코우코쿠부(카)	대표이사 : **代表取締役** 다이효우토리시마리야쿠
영업 : **営業** 에이교우	이사역 회장 : **取締役会長** 토리시마리야쿠 카이쵸우
영업소 : **営業所** 에이교우쇼	이사역 부회장 : **取締役副会長** 토리시마리야쿠 후쿠카이쵸우
영업본부 : **営業本部** 에이교우혼부	
해외 : **海外** 카이가이	
관리 : **管理** 칸리	

PART 3

흥미거리에 대해 말하다

トピックについて話す
토픽쿠니 츠이테 하나스

01 취미
趣味 슈미

✽✽ 취미에 대해   趣味について 슈미니 츠이테

취미가 뭐예요?	趣味は何ですか。 슈미와 난데스까
당신에게 취미가 있습니까?	あなたに趣味はありますか。 아나타니 슈미와 아리마스까
당신의 소일거리는 무엇입니까?	あなたの暇つぶしは何ですか。 아나타노 히마츠부시와 난데스까
특별한 취미가 있습니까?	特別な趣味はありますか。 토쿠베츠나 슈미와 아리마스까
한가로울 때 무엇을 하십니까?	暇なとき何をなさいますか。 히마나토키 나니오 나사이마스까
기분전환으로 무엇을 하세요?	気分転換に何をしますか。 기분텐칸니 나니오 시마스까
심심풀이로 무엇을 하세요?	暇つぶしに何をしますか。 히마츠부시니 나니오 시마스까
어떤 것에 흥미를 갖고 계신지요?	どんなことに興味を持っていらっしゃるんですか。 돈나코토니 쿄우미오 못떼이랏샤룬데스까
당신과 나는 취미 면에서 공통된 점이 있습니다.	あなたと私は趣味の面で共通点があります。 아나타토 와타시와 슈미노멘데 쿄우츠우텐가 아리마스
우리는 취미 면에서는 거의 같습니다.	私たちは趣味の面ではほとんど同じです。 와타시타치와 슈미노멘데와 호톤도오나지데스
특별한 취미는 없습니다.	特別な趣味はありません。 토쿠베츠나 슈미와 아리마센
저는 취미가 다양합니다.	私は趣味がいろいろあります。 와타시와 슈미가 이로이로아리마스
저는 쉽게 열중하고 쉽게 식습니다.	私は熱しやすく冷めやすいです。 와타시와 넷시야스쿠 사메야스이데스
왠지 무엇을 해도 오래 지속하질 못합니다.	なぜか、何をしても長続きしません。 나제카, 나니오시테모 나가츠즈키시마센
제 취미는 대체로 당신과 같습니다.	私の趣味は大体あなたと同じです。 와타시노 슈미와 다이타이 아나타토오나지데스

독서 / 読書 독쇼

내 취미는 소설을 읽는 것입니다.	私の趣味は小説を読むことです。 와타시노 슈미와 쇼우세츠오 요무코토데스
나는 짬이 날 때마다 독서로 시간을 보냅니다.	私は暇なとき、読書をして過ごします。 와타시와 히마나토키, 독쇼오시테 스고시마스
저는 책벌레예요.	私は本の虫です。 와타시와 혼노 무시데스
가장 좋아하는 장르는 무엇인가요?	一番好きなジャンルは何ですか。 이치방 스키나 장르와 난데스카
탐정 소설을 아주 좋아합니다.	探偵(推理)小説が一番好きです。 탄테이(스이리)쇼우세츠가 이치방 스키데스
미스터리 소설을 상당히 많이 가지고 있습니다.	ミステリー小説を非常に持っています。 미스터리-쇼우세츠오 히죠우니 못떼이마스
저는 로맨스 소설에 빠져 있습니다.	私はロマンス小説にはまっています。 와타시와 로만스쇼우세츠니 하맛떼이마스
영문학에 흥미를 가지고 있습니다.	英文学に興味を持っています。 데이붕가쿠니 쿄우미오 못떼이마스
특히 현대 미국 문학을 좋아합니다.	特に現代アメリカ文学が好きです。 토쿠니 겐다이아메리카붕가쿠가 스키데스
내가 좋아하는 작가는 존 스타인벡입니다.	私が好きな作家はジョン・スタインバックです。 와타시가 스키나 삿까와 죤 스타인빡쿠데스
나는 지금 그의 작품을 사전의 도움을 빌려 읽고 있습니다.	私は今彼の作品を辞書を引きながら読んでいます。 와타시와 이마 카레노 사쿠힝오 지쇼오 히키나가라 욘데이마스
그의 작품은 모두 읽었습니다.	彼の作品は全部読みました。 카레노 사쿠힝와 젠부 요미마시타
현재, 샐린저의 《〈호밀밭의 파수꾼〉》을 읽고 있습니다.	現在、サリンジャーの『ライ麦畑でつかまえて』を読んでいます。 겐자이, 사린쟈-노 라이므기바타케데 츠카마에테오 욘데이마스
나는 장편소설보다는 단편소설 쪽을 좋아합니다.	私は長編小説より短編小説の方が好きです。 와타시와 쵸우헨쇼우세츠요리 탄펜쇼우쇼츠노호우가 스키데스
나는 시는 거의 읽지 않습니다.	私は詩はほとんど読みません。 와타시와 시와 호톤도 요미마센
최근에는 너무 바빠서 책을 읽을 시간이 없습니다.	最近は忙しすぎて本を読む時間がありません。 사이킨와 이소가시스기테 홍오 요무지칸가 아리마센

매달 미국의 영화잡지를 정기구독하고 있습니다.
毎月アメリカの映画の雑誌を定期購読しています。
마이츠키 아메리카노 에이가노 잣시오 테이키코우바이시떼이마스

1개월에 200달러 정도를 책값으로 쓰고 있습니다.
1ヶ月に200ドルぐらいを本代に使っています。
잇까게츠니 니햐쿠도루구라이오 혼다이니 츠캇떼이마스

젊은 사람들 사이에서는 만화책이 인기입니다.
若者たちの間では漫画が人気です。
와카모노타치노 아이다데와 만가가닌키데스

지금, 한국에서는 코미디언이 쓴 책이 화제가 되고 있습니다.
今、韓国ではお笑い系の人が書いた本が話題になっています。
이마, 캉코쿠데와 오와라이케이노히토가 카이타혼가 와다이니 낫떼이마스

당신은 어떤 책을 읽습니까?
あなたはどんな本を読みますか。
아나타와 돈나혼오 요미마스까

당신 나라의 젊은이들 사이에서는 어떤 책이 읽혀지고 있습니까?
あなたの国の若者たちの間ではどんな本が読まれていますか。
아나타노 쿠니노 와카모노타치노 아이다데와 돈나 혼가 요마레테이마스까

당신 나라의 대학생들 사이에서는 누구의 소설이 제일 인기가 있습니까?
あなたの国の大学生たちの間では誰の小説が一番人気がありますか。
아나타노 쿠니노 다이각세이타치노 아이다데와 다레노 쇼우세츠가 이치방 닌키가 아리마스까

책을 많이 읽으세요?
本をたくさんお読みですか。
홍오 탁상 오요미데스까

매달 두 권 정도의 소설을 읽어요.
毎月2冊くらいの小説を読みます。
마이츠키 니사츠쿠라이노 쇼우세츠오 요미마스

1년에 30권 이상의 책을 읽어요.
1年に30冊以上の本を読みます。
이치넨니 산줏사츠이죠우노 홍오 요미마스

✳✳ 영화　　映画 에이가

영화 보는 것을 좋아합니다.
映画を見るのが好きです。 에이가오 미루노가 스키데스

나는 영화광입니다.
私は映画マニアです。 와타시와 에이가마니아데스

영화를 자주 보러 가나요?
映画をよく見に行きますか。 에이가오 요쿠 미니 이키마스까

나는 한 달에 두세 편의 영화를 봅니다.
私は1ヶ月に2、3本の映画を見ます。
와타시와 잇카게츠니 니, 산봉노 에이가오 미마스

어떤 종류의 영화를 좋아해요?
どんな種類の映画が好きですか。 돈나 슈루이노 에이가가 스키데스까

나는 미국 영화, 특히 액션물을 아주 좋아합니다.
私はアメリカの映画、特にアクションが大好きです。
와타시와 아메리카노 에이가, 토쿠니 아쿠숀가 다이스키데스

공포 영화를 자주 봅니다.	ホラー映画をよく見ます。 호라-에이가오 요쿠 미마스
대개 헐리우드 영화를 봅니다.	大体ハリウッド映画を見ます。 다이타이 하리웃도에이가오 미마스
당신도 영화를 좋아한다는 것을 알게 되니 정말 기쁩니다.	あなたも映画が好きだということを知って本当に嬉しいです。 아나타모 에이가가 스키타도이우코토오 싯떼 혼토니 우레시이데스
내가 제일 좋아하는 영화는 눈물 흘리게 하는 최루성영화입니다.	私が一番好きな映画は泣かせる映画です。 와타시가 이치방 스키나 에이가와 나카세루 에이가데스
나는 외국 영화보다 우리나라 영화를 더 좋아합니다.	私は外国の映画よりも韓国の映画が好きです。 와타시와 가이코쿠노 에이가요리모 캉코쿠노 에이가가 스키데스
최근에 재미있는 영화를 봤나요?	最近面白い映画を見ましたか。 사이킨 오모시로이에이가오 미마시타까
한동안 영화를 보지 않았어요.	しばらくの間、映画を見ていませんでした。 시바라쿠노 아이다, 에이가오 미테이마센데시타
이전엔 자주 갔지만 요즘은 시간이 없어서요.	以前はたびたび行きましたが、最近は時間がなくて。 이젠와 타비타비 이키마시타가, 사이킨와 지칸가나쿠테
좋아하는 여자배우가 누구예요?	好きな女優さんは誰ですか。 스키나 죠유우상와 다레데스까
나는 전에, 비비안 리 주연의 '바람과 함께 사라지다'를 보고 감동받았습니다.	私は以前、ビビアン・リー主演の『風とともに去りぬ』を見て感動しました。 와타시와 이젠, 비비안 리- 슈엔노 카제토토모니 사리누오 미테 칸도우시마시타
나는 그녀의 주연 영화를 전부 보았습니다.	私は彼女の主演の映画を全部見ました。 와타시와 카노죠노 슈엔노 에이가오 젠부 미마시타
나는 그 영화를 다섯 번이나 보았습니다.	私はその映画を5回も見ました。 와타시와 소노 에이가오 고카이모 미마시타
나는 그저께 '헬 레이저'라는 영화를 보았습니다.	私はおととい『ヘルレイザー』という映画を見ました。 와타시와 오토토이 헤루레이자-토이우 에이가오 미마시타
그것은 굉장히 무서운 영화였기 때문에 그날 밤에는 한동안 잠을 잘 수 없었습니다.	それは非常に怖い映画だったので、その晩しばらく眠れませんでした。 소레와 히죠우니 코와이에이가닷따노데, 소노방 시바라쿠 네무레마센데시타
지금까지 중에 제일 좋았던 영화는 '데이브'입니다.	今まで見た中で一番よかった映画は『デイブ』です。 이마마데 미타나카데 이치방 요캇따에이가와 데이브데스
'이탈리안 잡'이라는 영화에는 실망했습니다.	『イタリアン・ジョブ』という映画にはがっかりしました。 이타리안 죠브토이우 에이가니와 각까리시마시타

Part 3 흥미거리에 대해 말하다

취미

우리는 대부분 외국 영화를 한글 자막으로 보고 있습니다.	私たちは大体外国映画を韓国語の字幕で見ています。 와타시타치와 다이타이 가이코쿠에이가오 캉코쿠고노 지마쿠데 미테이마스
내 오락은 비디오로 영화를 보는 것입니다.	私の娯楽はビデオで映画を見ることです。 와타시노 고라쿠와 비데오데 에이가오 미루코토데스
비디오 가게가 우리 집 근처에 있어서 아주 편리합니다.	ビデオレンタルショップが我が家の近くにあるのでとても便利です。 비데오렌타루숍프가 와가야노치카쿠니 아루노데 토테모 벤리데스
오늘 밤에 영화 보러 갑시다.	今晩映画を見に行きましょう。 콘방 에이가오 미니 이카마쇼우

✱✱ TV   テレビ 테레비

나는 TV로 영화 보는 것을 좋아합니다.	私はテレビで映画を見るのが好きです。 와타시와 테레비데 에이가오 미루노가 스키데스
어젯밤, 오드리 헵번의 '마이 페어 레이디'를 TV로 보았습니다.	昨晩、オードリー・ヘップバーンの『マイフェアレディ』をテレビで見ました。 사쿠방, 오-도리-헷프반노 마이훼아레디오 테레비데 미마시타
어떤 TV 프로그램을 좋아하세요?	どんなテレビ番組が好きですか。 돈나 테레비반구미가 스키데스까
내가 좋아하는 TV 프로그램은 '풀 하우스'입니다.	私が好きなテレビ番組は『フルハウス』です。 와타시가 스키나 테레비반구미와 후루하우스데스
나는 저녁식사 후 TV로 매일 시추에이션 코미디를 보고 있습니다.	私は夕食後テレビで毎日シチュエーションコメディーを見ています。 와타시 유우쇼쿠고 테레비데 마이니치 시츄에이숀코메디-오 미테이마스
나는 매일, 아침 6시에는 TV를 켜서 뉴스 프로를 봅니다.	私は毎日、朝6時にテレビをつけてニュース番組を見ます。 와타시와 마이니치, 아사로쿠지니 테레비오 츠케테 뉴-스반구미오 미마스
그 이유는 세계의 최신 뉴스를 볼 수 있기 때문입니다.	その理由は世界の最新のニュースが見られるからです。 소노리유우와 세카이노 사이신노 뉴-스가 미라레루카라데스

✱ 여행   旅行 료코우

여행을 좋아합니다.	旅行が好きです。 료코우가 스키데스
매년 해외여행을 갑니다.	毎年海外旅行をします。 마이토시 카이가이료코우오 시마스

| 내년에는 이탈리아 여행을 계획하고 있어요. | 来年はイタリア旅行を計画しています。 |

라이넨와 이타리아료코우오 케이카쿠시테이마스

| 온천에는 자주 갑니다. | 温泉にはよく行きます。 온센니와 요쿠이키마스 |

| 전 혼자 하는 여행을 좋아합니다. | 私は一人でする旅行が好きです。 |

와타시와 히토리데스루 료코우가 스키데스

| 이번 여행의 목적은 맛있는 음식을 즐기는 것입니다. | 今回の旅行の目的はおいしい食べ物を楽しむことです。 |

콘카이노 료코우노 모쿠테키와 오이시이 타베모노오 타노시므코토데스

| 방문한 지역에서 새로운 사람들과 만나고, 의견 교환을 하는 것은 큰 이익이 됩니다. | 訪問した地域で新しい人と出会い、意見交換をするのはとてもためになります。 |

호우몬시타 치이키데 아타라시이히토토데아이, 이켄코우칸오 스루노와 토테모 타메니나리마스

| 제일 흥미를 가지고 있는 것은 해외여행입니다. | 一番興味を持っているのは海外旅行です。 |

이치방 쿄우미오 못떼이루노와 카이가이료코우데스

| 태어나서 아직 한 번도 외국에 가본 적이 없습니다. | 生まれてからまだ一度も外国に行ったことがありません。 |

우마레테카라 마다 이치도모 가이코쿠니 잇따코토가 아리마센

| 올 여름에는 미국 각지를 방문해 볼 계획입니다. | 今年の夏はアメリカ各地を訪問してみる計画です。 |

코토시노 나츠와 아메리카카쿠치오 호우몬시테미루 케이카쿠데스

| 우리는 파리에서 마음껏 쇼핑 여행을 하고 왔습니다. | 私たちはパリで思う存分ショッピングをして来ました。 |

와타시타치와 파리데 오모우존분 숏핑구오 시테키마시타

| 국내여행은 별로 좋아하지 않습니다. | 国内旅行はあまり好きではありません。 |

코쿠나이료코우와 아마리 스키데와 아리마센

| 왜냐하면 어디를 가나 교통체증이 심하기 때문입니다. | なぜならどこに行っても交通渋滞がひどいからです。 |

나제나라 도코니잇떼모 코우츠우쥬우타이가 히도이카라데스

| 작년 여름에는 자전거로 강원도를 여행했습니다. | 昨年の夏、自転車で江原道を旅行しました。 |

사쿠넨노 나츠, 지텐샤데 강원도오 료코우시마시타

| 저한테는 자전거 여행보다 나은 여행은 없습니다. | 私にとっては自転車旅行よりいい旅行はありません。 |

와타시니 톳떼와 지텐샤 료코우요리 이이료코우와 아리마센

| 경주의 작은 도심지를 자전거로 돌았습니다. | 慶州の小さい都心地を自転車で回りました。 |

경주노 치이사이 도신치오 지텐샤데 마와리마시타

| 나는 여행을 좋아하지만, 공부 때문에 생각대로 할 수 없습니다. | 私は旅行が好きですが、勉強のために思った通りにはできません。 |

와타시와 료코우가스키데스가, 벵쿄우노타메니 오못따토우리니와 데키마센

** 수집　コレクション・収集 코레쿠숀, 슈우슈우

당신은 무엇을 수집하고 있습니까?
あなたは何を収集していますか。
아나타와 나니오 슈우슈우시테이마스까

인형을 모으고 있습니다.
ぬいぐるみを集めています。
누이구루미오 아츠메테이마스

세계의 인형을 모으기 시작한
것은 불과 작년부터입니다.
世界の人形を集めるのは、昨年始めたばかりです。
세카이노 닌교우오 아츠메루노와 사쿠넨 하지메테바카리데스

어린 시절부터 여러 가지
디즈니 상품을 모으고 있습니다.
幼いときからいろんなディズニーの商品を集めています。
오사나이토키카라 이론나 디즈니-노 쇼우힝오 아츠메테이마스

전 세계의 동전을 많이 가지고 있습니다.
全世界のコインをたくさん持っています。
젠세카이노 코잉오 탁상 못떼이마스

제 동전 컬렉션은 아직
조금밖에 안 됩니다.
私のコインコレクションはまだわずかです。
와타시노 코인 코레쿠숑와 마다 와즈카데스

이미 100종류 정도 가지고 있습니다.
もう１００種類ぐらい持っています。
모우 햐쿠슈루이구라이 못떼이마스

한국의 동전과 미국의 동전을
교환하고 싶은데요.
韓国のコインとアメリカのコインを交換したいんですが。
캉코쿠노 코인토 아메리카노 코잉오 코우칸시타인데스가

저도 동전을 수집하고
있으니까 희망하신다면
기꺼이 몇 개 교환하겠습니다.
私はコインを収集しているので、ご希望であれば
喜んでいくつか交換いたします。
와타시와 코잉오 슈우슈우시테이루노데, 고키보우데아레바 요로콘데 이쿠츠카 코우칸이타시마스

12살 때부터 우표를 수집하고 있습니다.
１２歳の時から切手を収集しています。
쥬우니사이노 토키카라 킷떼오 슈우슈우시테이마스

여름 방학의 대부분을 곤충 채집,
특히 투구벌레를 채집하며
보냅니다.
夏休みのほとんどは昆虫の採集、
特にカブトムシを採集しながら過ごします。
나츠야스미노호톤도와 콘츄우노 사이슈우, 토쿠니 카부토무시오 사이슈우시나가라 스고시마스

골동품에 열중해 있습니다.
骨董品に熱中しています。
콧또우힌니 넷츄우시테이마스

제 취미는 골동품 수집이에요.
私の趣味は骨董品のコレクションです。
와타시노 슈미와 콧또우힌노 코레쿠숀데스

골동품점을 돌아보는 걸
좋아해요.
骨董品店を見て回るのが好きです。
콧또우힌텡오 미테 마와루노가 스키데스

그림, 사진 絵、写真 에, 사신

그림 그리기가 제 취미예요.	絵を描くのが私の趣味です。 에오 카쿠노가 와타시노 슈미데스
전 수채화를 잘 그립니다.	私は水彩画が上手です。 와타시와 스이사이가가 죠우즈데스
유화를 아주 좋아합니다.	油絵が大好きです。 아브라에가 다이스키데스
풍경화 그리는 것에 흥미를 가지고 있습니다.	風景画を描くのに興味を持っています。 후우케이가오 카쿠노니 쿄우미오 못떼이마스
평범한 사람들의 초상화를 그리기 좋아합니다.	平凡な人たちの肖像画を描くのが好きです。 헤이본나 히토타치노 쇼우조우가오 카쿠노가 스키데스
새로운 곳을 방문하면, 꼭 조금 시간을 내서 스케치를 합니다.	新しいところを訪問すると、必ず少し時間を割いてスケッチをします。 아타라시이 토코로오 호우몬스루토, 카나라즈 스코시 지캉오 사이테 스켓치오 시마스
그림 그리기보다 감상하는 쪽을 좋아합니다.	絵を描くのより鑑賞する方が好きです。 에오 카쿠노요리 칸쇼우스루호우가 스키데스
미술관에 자주 갑니다.	美術館によく行きます。 비쥬추칸니 요쿠 이키마스
반 고흐를 좋아합니다.	ヴァン・ゴッホが好きです。 반 고호가 스키데스
사진에 흥미를 가지고 있습니다.	写真に興味を持っています。 샤신니 쿄우미오 못떼이마스
사진 촬영은 제 취미 중 하나입니다.	写真撮影は私の趣味の中の一つです。 샤신 샤츠에이와 와타시노 슈미노 나카노 히토츠데스
저는 풍경사진 찍는 것에 흥미를 가지고 있습니다.	私は風景写真を撮ることに興味を持っています。 와타시와 후우케이샤싱오 토루코토니 쿄우미오 못떼이마스
밤하늘에 떠 있는 별을 찍는 것은 아주 재미있습니다.	夜空に浮かぶ星を撮るのはとても面白いです。 요조라니 우카브 호시오 토루노와 토테모 오모시로이데스
여행을 떠날 때는 잊지 않고 카메라를 가지고 갑니다.	旅行に行くときは忘れずにカメラを持っていきます。 료코우니 이쿠토키와 와스레즈니 카메라오 못떼이키마스
진귀한 나비 사진을 찍기 위해 여러 곳을 찾아다닙니다.	珍しい蝶々の写真を撮るためいろんなところを捜し回ります。 메즈라시이 쵸우쵸우노샤싱오 토루타메 이론나 토코로오 사가시마와리마스
최근에 인물사진 찍는 것에 흥미를 가지기 시작했습니다.	最近人物写真を撮るのに興味を持ち始めました。 사이킨 진부츠샤싱오 토루노니 쿄우미오 모치하지메마시다

찍은 사진은 직접 현상하고, 인화하고, 확대합니다.	撮った写真は直接現像し、焼き付け、拡大します。 톳따샤신와 쵸쿠세츠 겐조우시, 야키츠케, 카쿠다이시마스
제 카메라로 찍은 가족사진을 몇 장 보내겠습니다.	私のカメラで撮った家族写真を何枚か送ります。 와타시노 카메라데 톳따カ조쿠샤싱오 난마이카 오쿠리마스
정원에서 뛰어노는 아이들을 자주 비디오카메라로 찍습니다.	庭で走り回って遊んでいる子供たちをよくビデオカメラで撮ります。 니와데 하시리마왓떼아손데이루 코도모타치오 요쿠 비데오카메라데 토리마스
제 카메라는 전자동입니다.	私のカメラは全自動です。 와타시노 카메라와 젠지도우데스
제 카메라는 거리도 노출도 전혀 맞출 필요가 없습니다.	私のカメラは距離も露出もぜんぜん合わせる必要がありません。 와타시노 카메라와 쿄리모 로슈츠모 젠젠 아와세루 히츠요우가 아리마센

✱✱ 음악   音楽 옹가쿠

음악을 좋아합니다.	音楽が好きです。 옹가쿠가 스키데스
음악 듣는 것을 좋아합니다.	音楽を聞くのが好きです。 옹가쿠오 키쿠노가 스키데스
어떤 음악을 좋아합니까?	どんな音楽が好きですか。 돈나 옹가쿠가 스키데스까
음악이라면 어떤 것이든 즐겨 듣습니다.	音楽ならなんでも楽しんで聞きます。 옹가쿠나라 난데모 타노신데 키키마스
시간이 날 때는 클래식을 듣고 있습니다.	時間がある時はクラシックを聞きます。 지칸가 아루토키와 크라싯쿠오 키키마스
휴일에는 재즈를 들으며 하루를 보냅니다.	休みの日はジャズを聞きながら一日を過ごします。 야스미노히와 쟈즈오 키키나가라 이치니치오 스고시마스
최근에는 록 음악을 듣게 되었습니다.	最近はロック音楽を聞くようになりました。 사이킨와 롯쿠옹가쿠오 키쿠요우니 나리마시타
솔 뮤직의 CD를 모으고 있습니다.	Soulミュージックの ＣＤを集めています。 솔 뮤-짓쿠노 시디오 아츠메테이마스
제 취미 중 하나는 피아노를 치는 것입니다.	私の趣味の中の一つはピアノを弾くことです。 와타시노 슈미노 나카노 히토츠와 피아노 히쿠코토데스
나는 다섯 살 때부터 피아노를 치고 있습니다.	私は5歳の時からピアノを弾いています。 와타시와 고사이노 토키카라 피아노 히이테이마스
그러나 피아노를 별로 잘 치지는 못합니다.	しかしピアノがあまり上手ではありません。 시카시 피아노가 아마리 죠우즈데와 아리마센

지금 바이올린을 배우고 있습니다.	今ヴァイオリンを習っています。 이마 바이오린오 나랏떼이마스
저는 악기는 연주할 줄 모릅니다.	私は楽器は演奏できません。 와타시와 갓끼와 엔소우데키마센
재즈 밴드에 들어가 일주일에 한 번 활동하고 있습니다.	ジャズバンドに加入して一週間の一回活動しています。 쟈즈반도니 카뉴우시테 잇슈우칸노 잇까이 카츠도우시테이마스
좋아하는 가수는 브리트니 스피어스입니다.	好きな歌手はブリトニー・スピアーズです。 스키나 카슈와 브리토니- 스피아-즈데스
그녀의 노래는 몇 번이고 들어도 싫증나지 않습니다.	彼女の歌は何回聴いても飽きません。 카노죠노 우타와 난카이 키이테모 아키마센
그녀의 CD를 거의 모두 가지고 있습니다.	彼女のＣＤをほとんど全部持っています。 카노죠노 시디오 호톤도 젠부 못떼이마스
그녀의 콘서트는 빼놓지 않고 갑니다.	彼女のコンサートは必ず行きます。 카노죠노 콘사-토와 카나라즈 이키마스
그녀의 사진을 내 방 벽에 붙여 놓았습니다.	彼女の写真を私の部屋の壁に貼っておきました。 카노죠노 샤싱오 와타시노 헤야노 카베니 핫떼오키마시타
마돈나의 노래는 전부 외웠습니다.	マドンナの歌は全部覚えました。 마돈나노 우타와 젠부 오보에마시타
종종 노래방에 가서 노래를 부릅니다.	たびたびカラオケに行って歌を歌います。 타비타비 카라오케니 잇떼 우타오 우타이마스
나는 한국의 가요를 중심으로 노래 부릅니다.	私は韓国の歌謡を中心に歌います。 와타시와 캉코쿠노 카요우오 츄우신니 우타이마스
나는 엘튼 존의 노래를 잘 부릅니다.	私はエルトン・ジョンの歌を上手に歌います。 와타시와 에루톤 죤노 우타오 죠우즈니 우타이마스
괜찮으시다면 조만간 제 노래를 녹음한 테이프를 주겠습니다.	よろしければ近いうち私の歌を録音したテープをあげます。 요로시케레바 치카이우치 와타시노 우타오 로쿠온시타 테-프오 아게마스
뭔가 악기를 다룰 줄 압니까?	何か楽器ができますか。 나니카 갓끼가 데키마스카
지금까지 한국의 민요를 들어본 적이 있습니까?	今まで韓国の民謡を聞いたことがありますか。 이마마데 캉코쿠노 민요우오 키이타코토가 아리마스까
나는 음악을 모릅니다.	私は音楽がわかりません。 와타시와 옹가쿠가 와카리마셍
음악에는 재능이 없어요.	音楽には才能がありません。 옹가쿠니와 사이노우가 아리마셍

애완동물   ペット 펫토

애완동물을 키우고 있습니까?	ペットを飼っていますか。 펫토오 캇떼이마스까
어떤 애완동물을 기르고 있나요?	どんなペットを飼っていますか。 돈나 펫토오 캇떼이마스까
동물 기르는 것을 좋아합니다.	動物を飼うのが好きです。 도우브츠오 카우노가 스키데스
잭이라고 하는 개를 키우고 있습니다.	ジャックという犬を飼っています。 쟈크토이우 이누오 캇떼이마스
다섯 살 난 잡종 개를 키웁니다.	5歳の雑種の犬を飼っています。 고사이노 잣슈노 이누오 캇떼이마스
수컷 개를 집안에서 키우고 있습니다.	オスの犬を家の中で飼っています。 오스노 이누오 이에노 나카데 캇떼이마스
잭은 우리 집의 일원과 같습니다.	ジャックは我が家の一員と同じです。 쟈쿠와 와가야노 이치인토 오나지데스
나는 매일 저녁이 되면 이 개를 데리고 산보를 나갑니다.	私は毎日夜になるとこの犬を連れて散歩します。 와타시와 마이니치 요루니나루토 코노이누오 츠레테 산포시마스
친구로부터 열흘 전에 태어난 고양이를 받았습니다.	友達から10日前に生まれた猫をもらいました。 토모다치카라 토오카마에니 우마레타 네코오 모라이마시타
오늘, 공원에 버려져 있던 고양이를 발견했습니다.	今日、公園で捨てられた猫を発見しました。 쿄우, 코우엔데 스테라레타 네코오 핫켄시마시타
나는 그를 가엾게 생각해 키우기로 했습니다.	私はそれを可愛そうに思って飼うことにしました。 와타시와 소레오 카와이소우니 오못떼 카우코토니 시마시타
이 고양이는 때때로 가구나 거실의 양탄자를 긁어 놓습니다.	この猫はたまに家具やリビングルームのカーペットをひっかきます。 코노 네코와 타마니 카구야 리빈구루-므노 카-펫토오 힛카키마스
내 잉꼬는 노래를 합니다.	私のインコは歌います。 와타시노 잉코와 우타이마스
내가 키우는 구관조 톰은 나보다 영어를 더 잘할 수 있습니다.	私が飼っている九官鳥のトムは私より英語が上手です。 와타시가 캇떼이루 큐우칸쵸우노 토무와 와타시요리 에이고가 죠우즈데스
뒤뜰에서 닭을 한 마리 키우고 있는데, 그 닭은 매일 달걀을 하나씩 낳습니다.	裏庭で鶏を一羽飼っていますが、その鶏は毎日卵を一個ずつ産みます。 우라니와데 니와토리오 이치와 캇떼이마스가, 소노 니와토리와 마이니치 타마고오 잇꼬즈츠 우미마스
거북이는 도회지에서 혼자 사는 젊은이들 사이에서 인기 있는 애완동물입니다.	亀は都会で一人で生活している若者たちの間で人気のあるペットです。 카메와 토카이데 히토리데 세이카츠시테이루 와카모노타치노아이다데 닌끼노아루 펫토데스

거북이는 소리도 내지 않고, 며칠이든 먹이를 주지 않아도 살아갈 수 있기 때문입니다.	亀は声も出さないし、何日間かえさをあげなくても生きていけるからです。 카메와 코에모 다사나이시, 난니치칸카 에사오 아게나쿠테모 이키테 이케루카라데스
동물 키우는 일은 여간 힘든 일이 아닙니다.	動物を飼うのはとても大変なことです。 도우부츠오 카우노와 토테모 타이헨나코토데스
우리 부모님은 개 키우는 것을 허락하지 않으십니다.	私の両親は犬を飼うことを許してくれません。 와타시노 료우신와 이누오 카우코토오 유루시테쿠레마센
개를 키우고 싶지만, 아파트에 살고 있어서 키울 수가 없습니다.	犬を飼いたいですが、アパートに住んでいるため飼えません。 이누오 카이타이데스가, 아파-토니 슨데이루타메 카에마센
우리 아파트에서는 애완동물 키우는 것이 금지되어 있습니다.	私のアパートではペットを飼うことは禁止されています。 와타시노 아파-토데와 펫토오 카우코토 킨시사레테이마스

❋❋❋ 원예

園芸 엔게이

최근에는 정원 가꾸기에 몰두하고 있습니다.	最近はガーデニングに夢中しています。 사이킨와 가-데닌구니 무츄우시테이마스
정원 가꾸기에 많은 시간을 할애하고 있습니다.	ガーデニングに多くの時間を割いています。 가-데닌구니 오오쿠노 시칸오 사이테이마스
원예는 정말 재미있어요.	園芸は本当に面白いです。 엔게이와 혼토우니 오모시로이데스
가족을 위해 야채도 길러요.	家族のために野菜も栽培します。 카조쿠노타메니 야사이모 사이바이시마스
꽃을 키우는 일은 즐겁습니다.	花を栽培するのは楽しいです。 하나오 사이바이스루노와 타노시이데스
식물이 성장하고 아름다운 꽃을 피우는 것을 관찰하며 즐깁니다.	植物が成長し、きれいな花を咲かせるのを観察しながら楽しんでいます。 쇼쿠부츠가 세이쵸우시, 키레이나 하나오 사카세루노오 칸사츠시나가라 타노신데이마스
정원에 여러 가지 식물을 키우고 있기 때문에 사계절 내내 꽃을 즐길 수 있습니다.	庭にいろんな植物を育てているので、1年中四季折々の花を楽しむことができます。 니와니 이론나 쇼쿠부츠오 소다테테이루노데, 이치넨쥬우 온키이오리오리노 하나오 타노시무코토가 데키마스
아침저녁으로 화분에 물을 주는 것을 제 일입니다.	朝晩、植木鉢に水をあげるのは私の仕事です。 아사반, 우에키바치니 미즈오 아게루노와 와타시노 시고토데스
모든 꽃 중에서 나는 제일 좋아합니다.	すべての花の中で蘭が一番好きです。 스베테노 하나노 나카데 란가 이치방 스키데스

우리 집 거실에는 많은 관엽식물이 있습니다.	我が家のリビングルームには多くの観葉植物があります。 와가야노 리빈구루-무니와 오오쿠노 칸요우쇼쿠브츠가 아리마스
온실에서 딸기, 멜론과 같은 과일 재배에 열중하게 되었습니다.	温室ではイチゴ・メロンのような果物の栽培に熱中するようになりました。 온시츠데와 이치고, 메론노요우나 쿠다모노노 사이바이니 넷츄우스루요우니 나리마시타
이 씨를 3월 하순에 걸쳐 심으면 5월에 싹이 납니다.	この種を3月下旬にかけて植えると5月に芽が出ます。 코노타네오 산가츠게쥰니 카케테 우에루토 고가츠니 메가 데마스
정직하게 말해서 정원의 잡초 뽑기는 별로 좋아하지 않습니다.	正直言って、庭の草むしりはあまり好きではありません。 쇼우지키잇떼, 니와노 쿠사무시리와 아마리 스키데와 아리마센
원예에 관해서 나는 전혀 모릅니다.	園芸について私はぜんぜん分かりません。 엔게이니츠이테 와타시와 젠젠 와카리마센

❋❋ 요리, 게임   料理・ゲーム 료우리, 게-므

외식하는 걸 좋아해요.	外食するのが好きです。 가이쇼쿠스루노가 스키데스
요리를 좋아해요.	料理が好きです。 료우리가 스키데스
주말이면 가족을 위해 요리를 합니다.	週末になると家族のために料理をします。 슈우마츠니나루토 카조쿠노타메니 료우리오 시마스
나는 요리를 잘해서 레퍼토리가 상당히 다양합니다.	私は料理が上手でレパートリーが非常にさまざまです。 와타시와 료우리가 죠우즈데 레파-토리-가 히죠우니 사마자마데스
일요일의 내 즐거움의 하나는 케이크를 만드는 것입니다.	日曜日の私の楽しみの一つはケーキを作ることです。 니치요우비노 와타시노 타노시미노히토츠와 케-키오 츠쿠루코토데스
내주 일요일에 몇몇 손님이 오기로 해서, 새로운 요리법을 시도해 보려고 합니다.	来週の日曜日にお客さんが何人か来ることになったので、新しい料理法を試そうと思っています。 라이슈우노니치요우비니 오캬상가 난닌카 쿠루코토니낫따노데, 아타라시이 료우리호우오 타메소우토오못떼이마스
나는 많은 취미가 있지만, 지금은 컴퓨터 게임에 열중하고 있습니다.	私は多くの趣味がありますが、今はコンピュータゲームに熱中しています。 와타시와 오오쿠노 슈미가 아리마스가, 이마와 콘퓨-타게-므니 넷츄우시테이마스
컴퓨터 게임을 하고 있으면 모든 것을 잊어버립니다.	コンピュータゲームをしているとすべてのことを忘れてしまいます。 콘퓨-타게-므오 시데이루토 스베테노코토오 와스레시마이마스

단 어

열심인 : **熱心である** 넷신데아루	
열중하다 : **夢中する** 무츄우스루	
오락 : **娯楽** 고라쿠	
취미 : **趣味** 슈미	
흥미 : **興味** 쿄우미	

●● 독서
- 독서 : **読書** 독쇼
- 서평 : **書評** 쇼효우
- 비평 : **批評** 히효우

●● 미술
- 고대 그리스 미술 : **古代ギリシャ美術** 코다이기리샤비쥬츠
- 그래픽 아트 : **グラフィックアート** 그라휫크아ー토
- 동양예술 : **東洋芸術** 토우요우게이쥬츠
- 르네상스 미술 : **ルネッサンス美術** 르넷상스비쥬츠
- 무대예술 : **舞台芸術** 브타이게이쥬츠
- 미술상 : **美術商** 비쥬츠쇼우
- 미술평론가 : **美術評論家** 비쥬츠효우론카
- 사실파 : **事実派** 지지츠하
- 선전 포스터 : **宣伝ポスター** 센덴포스타ー
- 아르누보 : **アールヌーボー** 아ー르누ー보ー
- 아르데코 : **アールデコ** 아ー르데코
- 에칭화 : **エッチング画** 엣칭구가
- 예술대학 : **芸術大学** 게이쥬츠다이가쿠
- 인물화 : **人物画** 진부츠가
- 인상파 : **印象派** 인쇼우하
- 일러스트 : **イラスト** 이라스토
- 조형예술 : **造形芸術** 조우케이게이쥬츠
- 팝아트 : **ポップアート** 폽프아ー토
- 현대 미술 : **現代美術** 겐다이비쥬츠
- 환경예술 : **環境芸術** 칸쿄우게이쥬츠
- 흉상 : **胸像** 쿄우조우
- 흑인미술 : **黒人美術** 코쿠진비쥬츠

●● 영화, 연극
- 개봉영화 : **公開中の映画** 코우카이쥬노에이가
- 개봉 : **公開** 코우카이
- 갱 영화 : **ギャング映画** 걍그에이가
- 공상과학 영화 : **空想科学映画** 쿠우소우카가쿠에이가
- 극단 : **劇団** 게키단
- 극작가 : **劇作家** 게키삿까
- 기록영화 : **記録映画** 키로쿠에이가
- 남자배우 : **男優** 단유우
- 두 편 동시상영 : **二本立て** 니혼다테
- 명화 : **名画** 메이가
- 무성영화 : **無声映画** 무세이에이가
- 뮤지컬 : **ミュージカル** 뮤ー지카루
- 법석 떠는 익살극 : **大騒ぎをするひょうきん劇** 오오시와기오스루 효우킨게키
- 비극 : **悲劇** 히게키
- B급[저예산]영화 : **B級（低予算）映画** 비큐우(테이요산)에이가
- 성인용 영화 : **アダルト映画** 아다루토에이가
- 신작 영화 : **新作映画** 신사쿠에이가
- 애니메이션 / 만화영화 : **アニメーション／漫画映画** 아니메ー이숀/만가에이가
- 여자배우 : **女優** 죠유우
- 연극배우 : **演劇俳優** 엔게키하이유우
- 연출가 : **演出家** 엔슈츠카
- 영화 팬 : **映画ファン** 에이가환
- 영화감독 : **映画監督** 에이가칸도쿠
- 영화배우 : **映画俳優** 에이가하이유우
- 인형극 : **人形劇** 닌교우게키
- 촬영소 : **撮影所** 사츠에이쇼
- 희극 : **笑劇** 쇼우게키

●● 무용
- 디스코 댄스 : **ディスコダンス** 디스코단스
- 로큰롤 : **ロックンロール** 롯큰로ー구
- 룸바 : **ルンバ** 룸바
- 림보 댄스 : **リンボーダンス** 림보ー단스

맘보 : マンボ 맘보
벨리 댄스 : ベリーダンス 베라-단스
브레이크 댄스 : ブレイクダンス 브레이크단스
사교 댄스 : 社交ダンス 샤코우단스
삼바 : サンバ 삼바
스트리트 댄스 : ストリートダンス 스토리-토단스
지르박 : ジルバ 지루바
찰스톤 : チャールストン 챠-루스톤
치크 댄스 : チーク 챠-크
트위스트 : ツイスト 츠이스토
팬터마임 : パントマイム 판토마이므
훌라 댄스 : フラダンス 후라단스

●●음악
경음악 : 軽音楽 케이옹가쿠
교향곡 : 交響曲 코우쿄우쿄쿠
동요 : 童謡 도우요우
록 음악 : ロック音楽 롯쿠 옹가쿠
민족음악 : 民族音楽 민조쿠옹가쿠
바로크 음악 : バロック音楽 바롯쿠옹가쿠
바이올린 협주곡 : バイオリン協奏曲 바이오린쿄우소우쿄쿠
부르스 : ブルース 브루-스

샹송 : シャンソン 샹송
솔 뮤직 : ソウルミュージック 소우루 뮤-짓크
스윙 뮤직 : スウィングミュージック 스윙그 뮤-짓크
싱어송 라이터 : シンガーソングライター 싱가-송그 라이타-
영화 음악 : 映画音楽 에이가옹가쿠
음악 감상 : 音楽鑑賞 옹가쿠간쇼우
자장가 : 子守歌 코모리우타
재즈 : ジャズ 쟈즈
전위 음악 : 前衛音楽 젠에이옹가쿠
전자음악 : 電子音楽 덴시옹가쿠
종교 음악 : 宗教音楽 슈우쿄우옹가쿠
칸초네 : カンツォーネ 칸쵸-네
크로스오버 : クロスオーバー 크로스오-바-
클래식 음악 : クラシック音楽 크라싯크옹가쿠
테크노 : テクノ 테크노
파퓰러 뮤직 : ポピュラーミュージック 포퓨라-뮤-짓크
펑크록 : パンクロック 팡크롯크
퓨전 : フュージョン 휴-죤
헤비메탈 : ヘビーメタル 헤비-메타루
현대 음악 : 現代音楽 겐다이옹가쿠
현악 4중주 : 弦楽四重奏 겐가쿠시쥬우소우

02 스포츠

スポーツ スポー츠

※ 스포츠에 대해 　 スポーツについて 스포-츠니 츠이테

무슨 스포츠를 좋아해요?	どんなスポーツが好きですか。 돈나 스포-츠가 스키데스까
당신 나라에서는 어떤 스포츠가 제일 인기 있습니까?	あなたの国ではどんなスポーツが一番人気ですか。 아나타노쿠니데와 돈나 스포-츠가 이치방 닌키데스까
당신은 어떤 스포츠에 참가하고 있습니까?	あなたはどんなスポーツに参加していますか。 아나타와 돈나 스포-츠니 산카시테이마스까
스포츠라면 어떤 종류나 좋아합니다.	スポーツならどんな種類でも好きです。 스포-츠나라 돈나 슈루이데모 스키데스
나는 스포츠는 무엇이든 좋아합니다.	私はスポーツならなんでも好きです。 와타시와 스포-츠나라 난데모 스키데스
가능한 한 운동을 하려고 하고 있어요.	できるだけ運動をしようと思っています。 데키루다케 운도우오시요우토 오못떼이마스
팀 스포츠보다 개인으로 하는 스포츠 쪽을 좋아해요.	チームスポーツより個人でやるスポーツの方が好きです。 치-무스포-츠요리 코진데야루 스포-츠노호우가 스키데스
어떤 스포츠라도 서툴러요.	どんなスポーツでも苦手です。 돈나 스포-츠데모 니가테데스
운동신경이 둔합니다.	運動神経が鈍いです。 운도우신케이가 니브이데스

※ 육상 등 　 陸上など 리쿠죠우나도

운동을 위해 매일 걷고 있어요.	運動のため毎日歩いています。 운도우노타메 마이니치 아루이테이마스
최근 조깅을 시작했어요.	最近ジョギングを始めました。 사이킨 조깅구오 하지메마시타
매일 아침 조깅을 하고 있습니다.	毎朝ジョギングをしています。 마이아사 조깅구오 시테이마스
출근 전에 30분 정도 달리기를 하고 있습니다.	出勤前に３０分くらいランニングをしています。 슛킨마에니 산즛뿐쿠라이 란닝구오시테이마스

저녁에 산보하는 것을 일과로 하고 있습니다.	夜散歩するのを一日の日課にしています。 요루산뽀스루노오 이치니치노 닛까니시떼이마스
아침에 서늘할 때 산보를 합니다.	朝涼しいとき散歩します。 아사 스즈시이토키 산뽀시마스
언젠가 마라톤 대회에 나가고 싶습니다.	いつかマラソン大会に出場したいです。 이츠카 마라손타이카이니 슈츠죠우시따이데스
집 근처 도로에서 인라인 스케이트를 탑니다.	家の近くの道路でインラインスケートをします。 이에노 치카쿠노 도우로데 인라인스케-토오시마스
고교생일 때, 스케이트보드를 탔습니다.	高校生の時、スケートボードをしました。 코우코우세이노토키, 스케-토보-도오 시마시따
한국에서는 도로가 좁고, 꼬불꼬불해서 스케이트보드를 타는 사람이 별로 없습니다.	韓国では道路が狭いし、くねくね曲がっているのでスケートボードをする人があまりいません。 캉코쿠데와 도우로가 세마이시, 쿠네쿠네 마갓떼이루노데 스케-토보-도오스루히토가 아마리이마센

테니스, 골프　　テニス・ゴルフ 테니스, 고루흐

가까운 테니스 클럽에 속해 있습니다.	近くのテニスクラブに所属しています。 치카쿠노 테니스크라브니 쇼조쿠시떼이마스
나는 요즈음 테니스에 빠져 있습니다.	私はこの頃テニスにはまっています。 와따시와 코노고로 테니스니 하맛떼이마스
젊었을 때는 진지하게 테니스를 했습니다.	若かったときはまじめにテニスをしました。 와카잇따토키와 마지메니 테니스오시마시따
테니스를 아주 좋아하지만 잘하지는 못해요.	テニスが大好きですが、上手ではありません。 테니스가 다이스키데스가, 죠우즈데와 아리마센
골프를 치나요?	ゴルフをしますか。 고루흐오시마스카
10년 이상 골프를 치고 있습니다.	１０年以上ゴルフをやっています。 쥬우넨이죠우 고루흐오얏떼이마스
플레이할 시간을 내기가 쉽지 않아요.	プレイをする時間がなかなか作れません。 프레이오스루 지칸가 나카나카 츠크레마센
한달에 한 번은 골프를 하고 싶습니다.	一ヶ月に一回はゴルフをしたいです。 잇까게츠니 잇까이와 고루흐오 시타이데스
언젠가 같이 치러 가죠.	いつか一緒にゴルフしに行きましょう。 이츠카 잇쇼니 고루흐시니 이키마쇼우

나는 일요일마다 골프를 치러 갑니다.	私は日曜日ごとにゴルフしに行きます. 와타시와 니치요우비고토니 고루후시니 이키마스
유감스럽게도 한국에서는 골프를 하는 데 상당히 돈이 많이 듭니다.	残念ですが、韓国ではゴルフしに行くのに非常にお金がかかります. 잔넨데스가, 캉코쿠데와 고루후시니 이쿠노니 히죠우니 오카네가 카카리마스
해외로 골프 치러 가는 이유 중 하나입니다.	海外にゴルフしに行く理由の一つです. 카이가이니고루후시니 이쿠리유우노히토츠데스

※※ 등산, 낚시　　山登り・釣り 야마노보리, 츠리

나는 많은 취미를 가지고 있지만, 지금은 등산에 열중하고 있습니다.	私は多くの趣味を持っていますが、今は山登りに熱中しています. 와타시와 오오쿠노 슈미오 못떼이마스가, 이마와 야마노보리니 넷츄우시테이마스
작년 겨울에는 한국에서 제일 높은 산인 한라산에 올라갔습니다.	昨年の冬には韓国で一番高い山であるハラサンに登りました. 사쿠넨노 후유니와 캉코쿠데 이치방 타카이 야마데아루 하라사니 노보리마시타
낚시가 지금 크게 유행하고 있습니다.	釣りが今流行っています. 츠리가 이마 하얏떼이마스
제 낚시 경력은 5년입니다.	私の釣りの経歴は5年です. 와타시노 츠리노케이레키와 고넨데스
1주 전에 집 근처 연못에서 큰 물고기를 낚았습니다.	一週間前、家の近くの池で大きい魚を釣りました. 잇슈우칸마에, 이에노치카쿠노이케데 오오키이사카나오 츠리마시타
낚시가 스포츠로서 남성들 사이에서 크게 인기가 있습니다.	釣りがスポーツとして男性たちの間で人気があります. 츠리가 스포-츠토시테 단세이타치노아이다데 닌키가 아리마스

※※ 댄스, 무술　　ダンス・武術 단스, 부쥬츠

지금 댄스 레슨을 받아 볼까 생각하고 있습니다.	今ダンスのレッスンを受けようと思っています. 이마 단스노 렛승오 우케요우토오못떼이마스
댄스 레슨을 다니기로 결심했습니다.	ダンスのレッスンに通うことに決めました. 단스노렛승니 카요우코토니 키메마시타

건강 상태를 유지하기 위해 에어로빅 댄스를 계속하고 있습니다.	健康状態を保持するためにエアロビクス（ダンス）をずっとやっています。 켄코우죠우타이오 호지스루타메니 에아로비쿠스(단스)오 즛또 얏떼이마스
다섯 살 때부터 재즈 댄스를 배우기 시작했습니다.	5歳の時からジャズダンスを習い始めました。 고사이노토키카라 자즈단스오 나라이하지메마시타
체중을 빼기 위해 다음달부터 에어로빅을 시작합니다.	体重を減らすために来月からエアロビクスを始めます。 타이쥬우오 헤라스타메니 라이게츠카라 에아로비쿠스오 하지메마스
아름답게 날씬해지기 위해 정기적으로 에어로빅을 하고 있습니다.	美しく痩せるために定期的にエアロビクスをしています。 우츠쿠시쿠 야세루타메니 테이키테키니 에아로비쿠스오 시테이마스
사교 댄스를 배우는 건 오랜 꿈이었어요.	社交ダンスを習うのは長年の夢でした。 샤코우단스오 나라우노와 나가넨노 유메데시타
전 요가를 계속할 생각입니다.	私はヨガを続けるつもりです。 와타시와 요가오 츠즈케루츠모리데스
한국 전통 무도 중 하나인 태권도를 배우고 있습니다.	韓国の伝統の武道の一つである跆拳道を習っています。 캉코쿠노덴토우노부도우노히토츠데아루 태권도오 나랏떼이마스
우리 학교에서는 태권도가 체육 수업에 포함되어 있습니다.	私たちの学校では、跆拳道が体育の授業に入っています。 와타시타치노각꼬우데와 태권도가 타이이쿠노쥬교우니 하잇떼이마스
아직 태권도 초심자입니다.	まだ跆拳道の初心者です。 마다 태권도노 쇼신샤데스
태권도의 달인입니다.	跆拳道の達人です。 태권도노타츠진데스
태권도 3단입니다.	跆拳道の3段です。 태권도노 산단데스
태권도의 진정한 목적은 자신의 몸을 지키는 것이었습니다.	跆拳道の本当の目的は自分の体を守ることでした。 태권도노 혼토우노모쿠테키와 지분노카라다오 마모루코토데시타
저는 성룡 영화에 영향을 받아 쿵후를 시작했습니다.	私はジャッキー・チェンの映画に影響を受けてカンフーを始めました。 와타시와 잣키-첸노 에이가니 에이쿄우오 우케테 캉후-오 하지메마시타
검도는 펜싱 같은 것입니다.	剣道はフェンシングのようなものです。 켄도우와 헨싱구노요우나모노데스
검도에서는 방어용 도구를 몸에 착용해야 합니다.	剣道では、防御用具を体に着用しなければいけません。 켄도우데와 보우교요우구오 카라다니 챠쿠요우시나케레바이케마센

❊❊ 구기 종목 　 球技種目 큐우기슈모쿠

나는 키가 커서 배구를 시작했습니다.	私は背が高いからバレーボールを始めました。 와타시와 세가 타카이카라 바레-보-르오 하지메마시타
나는 농구를 잘합니다.	私はバスケットボールが上手です。 와타시와 바즈켓토보-르가 죠우즈데스
나는 동네 야구팀의 일원입니다.	私は町の野球チームの一員です。 와타시와 마치노 야큐우치-므노 이치인데스
아직 주전 선수는 아닙니다.	まだ主力選手ではありません。 마다 슈료쿠센슈데와 아리마센
아마추어 야구 팀에서 3루수를 맡고 있습니다.	アマチュア野球のチームでポジションは3塁手です。 아마츄아야큐우노치-므데 포지숀와 산루이슈데스
내 포지션은 투수이고 4번 타자입니다.	私のポジションは投手で、4番打者です。 와타시노 포지숀와 토우슈데, 욘방다샤데스
조부모님께서는 게이트볼을 하시러 자주 공원으로 나가십니다.	祖父母はゲートボールをしにたびたび公園に行きます。 소후보와 게-토보-르오시니 타비타비 코우엔니 이키마스

❊❊ 수영 등 　 水泳など 스이에이나도

수영을 잘합니다.	水泳が得意です。 스이에이가 토쿠이데스
나는 지금 수영에 열중하고 있습니다.	私は今、水泳に熱中しています。 와타시와 이마, 스이에이니 넷츄우시테이마스
여름 스포츠 중에서는 수영을 제일 좋아합니다.	夏のスポーツの中で水泳が一番好きです。 나츠노 스포-츠노나카데 스이에이가 이치방 스키데스
바다 가까이에 살고 있어서 수영을 잘합니다.	海の近くに住んでいるので水泳が上手です。 우미노 치카쿠니 슨데이루노데 스이에이가 죠우즈데스
여름방학이 되면 매일 친구와 바다로 수영하러 갑니다.	夏休みになると毎日友達と海に泳ぎに行きます。 나츠야스미니나루토 마이니치 토모다치토 우미니 오요기니이키마스
잘하는 것은 배영입니다.	得意なのは背泳です。 토쿠이나노와 하이에이데스
수영 교실에 다니기 시작했어요.	水泳教室に通い始めました。 스이에이쿄우시츠니 카요이하지메마시타
나는 일주일에 한 번 정도 수영 클럽에 다닙니다.	私は一週間に1回ぐらい水泳クラブに通っています。 와타시와 잇슈우칸니 잇까이구라이 스이에이크라브니 카욧떼이마스

나는 건강 때문에 수영 클럽에 이틀에 한 번씩 다니고 있습니다.	私は健康のため水泳クラブに二日に一回通っています。	
	와타시와 켄코우노타메 스이에이크라브니 후츠카니잇까이 카욧떼이마스	
겨울에는 실내 풀장에서 수영합니다.	冬は室内プールで泳ぎます。	
	후유와 시츠나이프-르데 오요기마스	
내가 사는 도시는 유명한 해수욕장에서 그리 멀지 않습니다.	私が住んでいる都市は有名な海水浴場からそんなに遠くありません。	
	와타시가 슨데이루 토시와 유우메이나 카이스이요쿠죠우카라 손나니 토오쿠아리마센	
나는 수영을 잘 못합니다.	私は水泳が苦手です。 와타시와 스이에이가 니가테데스	
나는 전혀 수영을 못합니다.	私は全然泳げません。 와타시와 젠젠 오요게마센	
이제는 100m 정도 헤엄칠 수가 있습니다.	今は100mくらい泳げます。	
	이마와 햐쿠메-토루쿠라이 오요게마스	
지난 달, 학교 수영대회 100m 평영에서 1등을 했습니다.	先月、学校の水泳大会100m平泳ぎで一等になりました。	
	센게츠, 각꼬우노 스이에이타이카이 햐쿠메-토루히라오요기데 잇토우니 나리마시타	
나는 올 여름에는 윈드서핑에 도전할 생각입니다.	私は今年の夏にはウィンドーサーフィンに挑戦するつもりです。 와타시와 코토시노나츠니와 윈도-사-휜니 쵸우센스루츠모리데스	
2년 전 하와이에 서핑하러 갔던 이후로 서핑에 빠져 버렸습니다.	2年前ハワイにサーフィンしに行って以来、サーフィンにはまってしまいました。	
	니넨마에 하와이니 사-휜시니 잇떼이라이, 사-휜니 하맛떼시마이마시타	
나는 아직 스쿠버다이빙에 빠져 있습니다.	私はスキューバダイビングに夢中になっています。	
	와타시와 스큐-바다이빙구니 무츄우니낫떼이마스	
스쿠버다이빙에서 제일 재미있는 것은 여러 종류의 물고기와 함께 헤엄치는 것입니다.	スキューバダイビングで一番面白いのは、いろんな種類の魚と一緒に泳ぐことです。	
	스큐-바다이빙구데 이찌방 오모시로이노와 이론나 슈루이노 사카나토 잇쇼니 오요구코토데스	

✲✲ 스키 등   スキーなど 스키-나도

겨울 스포츠를 좋아해요.	冬のスポーツが好きです。 후유노스포-츠가 스키데스	
겨울이 되면 나는 스키를 탑니다.	冬になると私はスキーをします。 후유니나루토 와타시와 스카-오시마스	
겨울이면 거의 매주 스키를 타러 갑니다.	冬になるとほとんど毎週スキーをしに行きます。	
	후유니나루토 호톤도 마이슈우 스카-오시니이키마스	

나는 매년 겨울에 용평으로 2,3회 스키를 타러 갑니다.	私は毎年冬にヨンピョンへ2、3回スキーをしに行きます。 와타시와 마이토시 후유니 용평에 니산카이 스키-오시니이키마스	

나는 매년 겨울에 용평으로 2,3회 스키를 타러 갑니다.
私は毎年冬にヨンピョンへ2、3回スキーをしに行きます。
와타시와 마이토시 후유니 용평에 니산카이 스키-오시니이키마스

내가 살고 있는 곳은 눈이 많은 지역이라 스키 탈 기회가 많습니다.
私が住んでいるところは雪が多い地域なので、スキーをする機会が多いです。
와타시가 슨데이루토코로와 유키가 오오이치이키나노데 스키-오스루키카이가 오오이데스

제주 지방에는 눈이 안 내리기 때문에, 스키를 타려면 멀리 가야 합니다.
済州地方には雪が降らないので、スキーをするなら遠くまで行かなければいけません。
제주치호우니와 유키가 후라나이노데, 스키-오스루나라 토오쿠마데 이카나케레바이케마센

나는 겨울이 되면 언제나 스키와 스케이트를 탑니다.
私は冬になるといつもスキーとスケートをします。
와타시와 후유니나루토 이츠모 스키-토 스케-토오시마스

나는 때때로 근처 실내 스케이트장에 갑니다.
私は時々近くの室内スケート場に行きます。
와타시와 토키도키 치카쿠노시츠나이스케-토죠우니 이키마스

나는 태어나서 아직 한 번도 얼음 언 호수 위에서 스케이트를 탄 적이 없습니다.
私は生まれてからまだ一度も凍った湖の上でスケートをしたことがありません。
와타시와 우마레테카라 마다이치도모 코옷따미즈우미노우에데 스케-토오시타코토가 아리마센

한 번만이라도 얼음 언 호수 위에서 마음껏 스케이트를 타 보고 싶습니다.
一度だけでも凍った湖の上で心ゆくまでスケートをしてみたいです。
이치도다케데모 코옷따미즈우미노우에데 코코로유쿠마데 스케-토오시테미타이데스

다음 겨울에는 스노우보드를 시작할 생각이에요.
次の冬にはスノーボードを始めるつもりです。
츠기노후유니와 스노-보-도오 하지메루츠모리데스

※ 스포츠 관전

スポーツ観戦 스포-츠칸센

스포츠 관전을 좋아해요.
スポーツ観戦が好きです。 스포-츠칸센가 스키데스

스포츠를 보는 쪽을 더 좋아합니다.
スポーツを見る方がもっと好きです。
스포-츠오미루호우가 못또스키데스

스포츠는 스스로 하기보다 보는 것을 좋아합니다.
スポーツは自分でやるより見る方が好きです。
스포-츠와 지분데야루요리 미루호우가스키데스

특히 야구와 축구 관람을 좋아합니다.
特に野球とサッカーの観戦が好きです。
토쿠니 야큐우토삿카-노칸센가 스키데스

가끔 시합을 보러 경기장에 갑니다.
たまに試合を見に競技場に行きます。
타마니시아이오미니쿄우기죠우니이키마스

경기장 분위기를 좋아합니다.	競技場の雰囲気が好きです。 코우기죠우노훈이키가 스키데스
내가 제일 좋아하는 스포츠는 야구입니다.	私が一番好きなスポーツは野球です。 와타시가 이치방 스키나 스포―츠와 야큐우데스
야구는 한국에서 대단히 인기가 있습니다.	野球は韓国でとても人気があります。 야큐우와 캉코쿠데 토테모 닌키가 아리마스
나는 시카고 컵스의 팬입니다.	私はシカゴカブスのファンです。 와타시와 시카고카프스노환데스
메이저리그 시합 보는 것을 좋아합니다.	メジャーリーグの試合を見るのが好きです。 메자―리―그노시아이오 미루노가 스키데스
멋진 플레이를 많이 볼 수 있어서 즐겁습니다.	すばらしいプレイがたくさん見られるから楽しいです。 스바라시이 프레이가 탁상 미라레루카라 타노시이데스
친구와 자주 야간 경기를 보러 야구장에 갑니다.	友達とたびたび夜の競技を見に野球場に行きます。 토모다치토 타비타비요루노 쿄우기오 미니 야큐우죠우니 이키마스
텔레비전 스포츠 중계를 자주 봅니다.	テレビのスポーツ中継をよく見ます。 테레비노스포―츠 츄우케이오 요쿠미마스
나는 TV로 야구 보는 것을 아주 좋아합니다.	私はテレビで野球を見るのが大好きです。 와타시와 테레비데 야큐우오 미루노가 다이스키데스
베어스가 2위인 삼성 라이온스에게 세 게임 차로 앞서고 있습니다.	ベアーズが二位であるサムソンライオンズに３ゲーム差で勝っています。 베아즈가 니이데아루 사므송라이온즈니 산게―므사데 갓떼이마스
최근의 유니콘스는 부진합니다.	最近のユニコーンズは振るいません。 사이킨노 유니콘즈와 후루이마센
저는 TV로 트윈스의 게임은 거의 모두 봅니다.	私はテレビでツインズのゲームはほとんど全部見ます。 와타시와 테레비데 츠인즈노게―므와 호톤도 젠부미마스
내가 좋아하는 야구선수는 이승엽입니다.	私が好きな野球選手はイスンヨプです。 와타시가 스키나 야큐우센슈와 이승엽데스
스포츠 중에서 축구를 제일 좋아합니다.	スポーツの中でサッカーが一番好きです。 스포―츠노나카데 삿카―가 이치방 스키데스
학교에서 축구 클럽에 들어 있습니다.	学校でサッカークラブに属しています。 각꼬우데 삿카―크라브니 조쿠시테이마스
최근에는 축구에 흥미를 갖는 젊은이들이 늘었습니다.	最近はサッカーに興味を持つ若者たちが増えています。 사이킨나 삿카―니 쿄우미오 모츠와카모노타치가 후에테이마스
축구는 젊은이들 사이에서 대단히 인기가 있습니다.	サッカーは若者たちの間で非常に人気があります。 삿카―와 와카모노타치노아이다데 히죠우니 닌키가 아리마스

저는 TV로 축구 시합을 항상 봅니다.
私はテレビでサッカーの試合をいつも見ます。
와타시와 테레비데 삿카-노시아이오 이츠모 미마스

어젯밤은 늦게까지 TV 축구 중계를 보았습니다.
昨晩は遅くまでテレビのサッカー中継を見ました。
사쿠방와 오소쿠마데 테레비노삿카-츄우케이오 미마시타

상당히 접전이었어요.
非常に接戦でした。 히죠우니 셋센데시타

내일은 테니스 시합을 보기 위해 아침 일찍 일어나야 해요.
明日はテニスの試合を見るために朝早く起きなければいけません。
아시타와 테니스노시아이오 미루타메니 아사하야쿠 오키나케레바이케마센

테니스 4대 메이저 대회는 절대 놓치지 않죠.
テニス4代メジャー大会は絶対見逃しません。
테니스욘다이메자-타이카이와 젯타이 미노가시마센

TV로 농구를 보는 건 재미있지 않나요?
テレビでバスケットボールを見るのは面白くありませんか。
테레비데 바즈켓토보-루오 미루노와 오모시로쿠아리마센까

실제 농구 경기를 보면 무척 흥분돼요.
実際にバスケットボールを見るととても興奮します。
짓사이니 바스켓토보-루오 미루토 토테모 코우훈시마스

나는 피겨 스케이트 보는 것을 좋아합니다.
私はフィギュアスケートを見るのが好きです。
와타시와 휘규아스케-토오 미루노가 스키데스

단 어

운동 : **運動** 운도우
연습 : **練習** 렌슈우
훈련 : **訓練** 쿤렌
준비운동 : **ストレッチング運動** 스토렛칭구운도우
정리운동 : **しあげ運動** 시아게운도우
단체경기 : **団体競技** 단타이쿄우기
개인경기 : **個人競技** 코진쿄우기
시합 : **試合** 시아이
응원하다 : **応援する** 오우엔스루
초심자 : **初心者** 쇼신샤
중급자 : **中級者** 츄우큐우샤
상급자 : **上級者** 죠우큐우샤

●●육상경기 **陸上競技** 리쿠죠우쿄우기
경보 : **競歩** 쿄우호
넓이뛰기 : **幅跳び** 하바토비
높이뛰기 : **高飛び** 타카토비
마라톤 : **マラソン** 마라손
100미터 달리기 : **１００ｍ走** 햐쿠메-토루소우
3단 뛰기 : **三段飛び** 산단토비
원반 던지기 : **円盤投げ** 엔반나게
200미터 달리기 : **２００ｍ走** 니햐쿠메-토루소우
장내 높이뛰기 : **棒高跳び** 보우타카토비
창던지기 : **やり投げ** 야리나게
800미터 달리기 : **８００ｍ走** 핫뺘쿠메-노루소우

포환던지기 : 砲丸投げ 호우간나게
허들 : ハードル 하ー도루

●●체조　体操 타이소우
2단 평행봉 : ２段平行棒 니단헤이코우보우
도마 : 跳馬 쵸우바
리듬 체조 : リズム体操 리즈므타이소우
마루운동 : 床体操 유카타이소우
안마 : 鞍馬 안바
평행봉 : 平行棒 헹코우보우

●●수영　水泳 스이에이
100미터 자유형 : 100m自由形 햐쿠메ー토루지유우케이
개인 혼영 : 個人メドレー 코진메도레ー
배영 : 背泳 하이에이
싱크로나이즈드 스위밍 : シンクロナイズドスイミング 싱크로나이즈도 스이밍구
접영 : バタフライ 바타후라이
평영 : 平泳ぎ 히라오요기
하이다이빙 : ハイダイビング 하이다이빙구

●●복싱　ボクシング 보쿠싱구
라이트급 : ライト級 라이토큐우
웰터급 : ウェルター級 웨루타ー큐우

●●레슬링/역도　レスリング／重量挙げ 레스링구/쥬우료우아게
52kg급 : ５２ｋｇ級 고쥬우니키로큐우
90kg급 : ９０ｋｇ級 큐우짓키로큐우

●●스키/스케이트　スキー／スケート 스카ー/스케ー토
90m 점프 : ９０ｍジャンプ 큐우쥬우메ー토루쟘프
대회전 : 大回転 다이카이텐
루지(1인용 경기썰매) : リュージュ（一人用競技そり）류ー쥬(히토리요우쿄우기소리)
바이애슬론 : バイアスロン 바이아스론

봅슬레이 : ボブスレー 보브스레ー
아이스하키 : アイスホッケー 아이스훗케ー
알파인 복합 : アルパイン混合 아르파인콘고우
크로스컨트리 : クロスカントリー 크로스칸토리ー
피겨스케이팅 : フィギュアスケーティング 휘규아스케ー팅구
활강경기 : 滑降競技 캇코우쿄우기
회전 : 回転 카이텐

●●기타
근대오종 : 近代五種 킨다이고슈
마술 : 手品・マジック 테지나/마짓쿠
비치발리볼 : ビーチボール 비ー치보ー루
사격 : 射撃 샤게키
소프트볼 : ソフトボール 소호토보ー루
수구 : 水球 스이큐우
스카이다이빙 : スカイダイビング 스카이다이빙구
양궁 : アーチェリー 아ー체리ー
요트 : ヨット 욧토
유도 : 柔道 쥬우도우
자전거 : 自転車 지텐샤
조정 : 漕艇 소우테이
카누 : カヌー 카누ー
패러글라이딩 : パラグライディング 파라그라이딩구
펜싱 : フェンシング 휀싱그
필드하키 : フィールドホッケー 휘ー루도홋케ー
핸드볼 : ハンドボール 한도보ー루

03 그 밖의 화제 その他のトピック

✻ 자동차 　自動車；車　지도우샤；쿠루마

운전면허가 있나요?	運転免許を持っていますか。 운텐멘쿄오못떼이마스까
일주일에 3일은 자동차 교습소에 다닙니다.	一週間のうち3日は自動車教習所に通っています。 잇슈우칸노우치밋까와 지도우샤쿄우슈우쇼니 카욧떼이마스
막 면허를 땄어요.	免許を取ったばかりです。 멘쿄오톳따바카리데스
작년에 자동차 면허를 땄습니다.	昨年自動車免許を取りました。 사쿠넨 지도우샤멘쿄오토리마시타
아직도 차를 몰 때마다 긴장해요.	今も運転するときは緊張します。 이마모 운텐스루토키와 킨쵸우시마스
저는 차를 잘 몬다고 생각합니다.	私はベストドライバーだと思います。 와타시와 베스토도라이바-다토오모이마스
무사고 무위반이에요.	無事故無違反です。 무지코무이한데스
저는 스피드 광입니다.	私はスピード狂です。 와타시와 스피-도쿄우데스
회사까지 차를 타고 갑니다.	会社まで車に乗って行きます。 카이샤마데 쿠루마니놋떼이키마스
제가 사는 지방에서는 차가 없으면 하루도 생활할 수가 없습니다.	私が住んでいる地方では、車がなければ一日も生活できません。 와타시가 슨데이루치호우데와 쿠루마가 나케레바 이치니치모 세이카츠데키마센
저는 자주 차를 몰지 않아요.	私はあまり運転しません。 와타시와 아마리 운텐시마센
차를 바꿀까 생각중이에요.	車を変えようと思っています。 쿠루마오 카에요우토 오못떼이마스
소형차를 살 생각이에요.	軽車を買うつもりです。 케이샤오 카우츠모리데스
새 차를 막 뽑았어요.	新しい車を買ったばかりです。 아타라시이쿠루마오 캇따바카리데스
지난달에 값싼 중고차를 샀습니다.	先月安い中古車を買いました。 셍게츠 야스이츄우코샤오 카이마시다

겉보기에는 멀쩡하지만, 달리는 것은 시원치 못합니다.	見た目はいいですが、走りは滑らかじゃありません。
	미타메와 이이데스가、하시리와 나메라카쟈아리마센
판매점에서는 여러 차들을 보는 건 재미있어요.	販売店ではいろんな車を見るのは楽しいです。
	한바이텐데와 이론나쿠루마오 미루노와 타노시이데스
수입차 중에서는 메르세데스를 제일 좋아합니다.	輸入車の中ではメルセデスが一番好きです。
	유뉴우샤노나카데와 메르세데스가이챠방 스키데스
적어도 일주일에 한 번은 차를 닦습니다.	少なくとも一週間のうち1回は洗車します。
	스쿠나쿠토모 잇슈우칸노우치 잇까이와 센샤시마스
차는 저한테는 보물입니다.	車は私にとって宝物です。 쿠루마와 와타시니톳떼 타카라모노데스
휴일에는 자주 시골로 드라이브를 나갑니다.	休みの日はよく田舎のほうにドライブしに行きます。
	야스미노히와 요쿠 이나카노호우니 도라이브시니 이카마스
드라이브에서 제일 즐거운 것은 짧은 시간에 다양한 풍경을 구경할 수가 있다는 점입니다.	ドライブで一番楽しいのは短い時間に様々な風景が見られるという点です。
	도라이브데 이챠방 타노시이노와 미지카이지칸니 사마자마나 후우케이가 미라레루토이우텐데스
차들은 항상 느릿느릿 달립니다.	車はいつものろのろ走ります。 쿠루마와 이츠모 노로노로하시리마스
서울은 아침부터 밤까지 차들로 넘치고 있습니다.	ソウルは朝から晩まで車があふれています。
	소우루와 아사카라반마데 쿠루마가 아후레테이마스
그래서 서울에서는 운전이 아주 아슬아슬합니다.	それでソウルで運転するのはとてもはらはらします。
	소레데 소우루데 운텐스루노와 토테모 하라하라시마스
한국에서는 어느 도로나 자동차로 혼잡합니다.	韓国ではどの道路も車で混雑します。
	캉코쿠데와 도노도우로모 쿠루마데 콘자츠시마스
나는 아침에 회사에 갈 때, 항상 교통체증에 시달리게 됩니다.	私は朝会社に行くとき、いつもラッシュアワーで大変です。
	와타시와 아사 카이샤니이쿠토키、이츠모 랏슈아와ー데 타이헨데스
어째서 이렇게 정체되는 거죠?	どうしてこんなに渋滞するのですか。
	도우시테 콘나니 쥬우타이스루노데스까
이 앞으로 30km 정체됐다고?	この先に30km渋滞って？ 코노사키니 산쥬 키로쥬우타잇떼？
오늘 차로 외출하겠다는 건 잘못된 생각이야.	今日車で外出するというのは間違った考えだ。
	쿄우 쿠루마데 가이슈츠스루토이우노와 마치갓타캉가에다
화가 나는 것은 한국의 고속도로가 모두 유료라는	頭に来るのは韓国の高速道路がすべて有料だという事実です。
	아타마니쿠루노와 캉코쿠노 코우소쿠도우로가 스베테 유우료우다토이우지지츠데스

이 근처에서 주차할 곳을 찾는 것은 어려워요.	この近くで駐車するところを探すのは難しいです。
	코노치카쿠데 츄우샤스루토코로오 사가스노와 므즈카시이데스
주차 위반으로 딱지를 떼였어요.	駐車違反で切符を切られました。 츄우샤이한데 킷쁘오 키라레마시타
주차 위반으로 벌금을 물었어요.	駐車違反で罰金を払いました。 츄우샤이한데 밧킹오 하라이마시타
주차 미터 시간이 끝나 있었어요.	駐車メーター時間が終わっていました。
	츄우샤메-타-지캉가 오왓떼이마시타

✱ 패션　　ファッション 홧숀

패션에 흥미를 가지고 있어요.	ファッションに興味を持っています。 홧숀니 쿄우미오 못떼이마스
전 입는 것에 매우 신경을 씁니다.	私は着るものにとても気を使っています。
	와타시와 키루모노니 토테모 키오 츠캇떼이마스
매일 아침, 옷을 고르는 데 시간을 써요.	毎朝、服を選ぶのに時間をかけます。
	마이아사, 후쿠오 에라부노니 지캉오 카케마스
멋지게 보이고 싶어요.	きれいに見られたいです。 키레이니 미라레타이데스
유명 브랜드 상품에는 관심이 없어요.	有名ブランド商品には関心がありません。
	유우메이브란도쇼우힌니와 칸신가 아리마센
너무 비싸서 저로서는 살 수 없는 거예요.	高すぎて私には買えないものです。
	타카스기테 와타시니와 카에나이모노데스
심플하고 적당한 가격의 옷을 사는 편이 나아요.	シンプルで適当な値段の服を買った方がいいです。
	심푸루데 테키토우나 네단노 후쿠오 캇따호우가이이데스
미니스커트가 유행하기 시작했습니다.	ミニースカートが流行り始めました。
	미니-스카-토가 하야리하지메마시타
미니스커트는 예전에 유행한 적이 있습니다.	ミニースカートは以前流行ったことがあります。
	미니-스카-토와 이젠 하얏따코토가 아리마스
제가 지금 입고 있는 드레스가 유행하고 있습니다.	私が今着ているドレスが流行っています。
	와타시가 이마 키테이루 도레스가 하얏떼이마스
체크 스커트는 이미 유행이 지났어요.	チェックのスカートはもう流行りが過ぎました。
	쳇크노 스카-토와 모우 하야리가 스기마시타
올 겨울엔 어떤 색이 유행하죠?	今年の冬はどんな色が流行りますか。
	코토시노 후유와 돈나 이로가 하야리마스까

저는 조지오 아르마니의 옷을 좋아합니다.	私はジョルジョ・アルマーニの服が好きです。
	와타시와 죠루죠 아루마-니노후쿠가 스키데스
조금 비싸지만 그만큼의 가치가 있어요.	少し高いですが、それだけの価値があります。
	스코시 타카이데스가, 소레다케노카치가 아리마스
이 드레스에 어울리는 지갑을 사야 해요.	このドレスに合う財布を買わなければいけません。
	코노도레스니 아우 사이후오 카와나케레바이케마센
사실, 심플한 디자인의 옷을 좋아합니다.	実はシンプルなデザインの服が好きです。
	지츠와 심프루나 데자인노 후쿠가 스키데스
집에 있을 때는 항상 진과 티셔츠 차림입니다.	家にいるときはいつもジーンズとシャツの格好です。
	이에니 이루토키는 이츠모 진즈토 샤츠노 캇코우데스
집에 돌아오면 곧바로 나는 티셔츠와 진과 같은 캐주얼한 옷으로 갈아입습니다.	家に帰ってくるとすぐ私はシャツとジーンズのようなカジュアルの服に着替えます。
	에니 카엣떼쿠루토 스구 와타시와 샤츠토 진즈노요우나 카쥬아루노후쿠니 키가에마스
저는 크리스찬 디오르의 수트를 입고 있습니다.	私はクリスチャン・ディオールのスーツを着ています。
	와타시와 크리스챤 디오-르노 스-츠오 키테이마스
남자친구와 데이트할 때는 항상 멋을 부립니다.	彼氏とデートするときはいつもおしゃれをしていきます。
	카레시토 데-토스루토키와 이츠모 오샤레오시테이키마스
며칠 전, 올 여름을 위해 가슴 두근거릴 정도로 대담한 수영복을 샀습니다.	何日か前、今年の夏のためにどきどきするぐらい大胆な水着を買いました。
	난니치카마에, 코토시노나츠노타메니 도키도키스루구라이 다이탄나 미즈기오 카이마시타
그것을 입을 수 있는 날을 고대하고 있습니다.	それを着られる日を楽しみにしています。
	소레오 키라레루히오 타노시미니시테이마스
당신의 옷 입는 스타일이 마음에 들어요.	あなたの服を着るスタイルが気に入っています。
	아나타노후쿠오 키루스타이루가 키니잇떼이마스
당신의 흰 원피스는 당신한테 아주 잘 어울립니다.	あなたの白いワンピースはあなたにとても似合います。
	아나타노시로이완피-스와 아나타니 토테모 니아이마스
당신의 그 우아하게 보이는 드레스는 긴 검은 머리와 잘 어울립니다.	あなたのあの上品にみえるドレスは長い黒髪とよく似合います。
	아나타노 아노죠우힌니 미에루 도레스와 나가이 쿠로카미토 요쿠 니아이마스
전 빨강이 어울리지 않아요.	私は赤が似合いません。 와타시와 아카가 니아이마센
이 드레스는 저에게 너무 잘 어울려요.	このドレスは私にとても似合います。
	코노도레스와 와타시니 토테모 니아이마스

어떤 타입의 드레스를 좋아합니까?	どんなタイプのドレスが好きですか。
	돈나 타이프노 도레스가 스키데스까
당신 나라의 최신 유행은 어떤 것입니까?	あなたの国の最新の流行はどんなものですか。
	아나타노 쿠니노 사이신노 류우코우와 돈나모노데스까
최근에는 도심에서 귀에 귀걸이를 하고 다니는 젊은 남자아이들을 자주 봅니다.	最近は都心でピアスをして歩く若い男の子をよく見かけます。
	사이킨와 토심데 피아스오시테 아루쿠 와카이오토코노코오 요쿠 미카케마스
겁쟁이라서 아직 귀에 귀걸이는 하지 않습니다.	臆病者なのでまだピアスはしていません。
	오쿠뵤우모노나노데 마다 피아스와 시테이마셍
최근에는 남자아이들도 패션에 크게 흥미를 갖게 되었습니다.	最近男の子たちもファッションに大きく興味を持つようになりました。
	사이킨 오토코노코타치모 홧숀니 오오키쿠 쿄우미오 모츠요우니나리마시타
최근 젊은 세대들은 좀처럼 한복을 입지 않습니다.	最近の若い世代の人たちはなかなか韓服を着ません。
	사이킨노 와카이 세타이노히토타치와 나카나카 한보쿠오 키마셍
시간이 날 때마다 패션 잡지를 봐요.	時間ができるたびにファッション雑誌を見ます。
	지칸가데키루타비니 홧숀잣시오 미마스
최신 유행을 알기 위해 매달 패션 잡지를 삽니다.	最新の流行を知るために毎月ファッション雑誌を買います。
	사이신노류우코우오시루타메니 마이츠키 홧숀잣시오 카이마스
계절이 바뀔 때마다 뭘 입어야 할지 모르겠어요.	季節が変わるたびに何を着ればいいか分かりません。
	키세츠가 카와루타비니 나니오키리레바이이카 와카리마셍
이 셔츠 너무 화려하지 않아요?	このシャツ、派手すぎじゃありませんか。
	코노샤츠, 하데스기쟈아리마셍까
촌스러워 보이지 않나요?	田舎っぽく見えませんか。 이나캇뽀쿠 미에마셍까
전 옷을 잘 입는 사람이 아니에요.	私はおしゃれじゃありません。
	와타시와 오샤레쟈아리마셍
옷에 많이 신경 쓰지 않아요.	服にあまり気を遣いません。 후쿠니 아마리 키오 츠카이마셍
옷이 깨끗하기만 하면 괜찮아요.	服が清潔なだけでいいです。
	후쿠가 세이케츠나다케데이이데스

❋❋ 건강

健康 켄코우

저는 지금 다이어트중입니다.	私は今ダイエット中です。 와타시와 이마 다이엣또츄우데스

저는 살빼기 위해 매일 아침 달리기를 합니다.	私はやせるために毎朝ランニングをしています。
저는 한달 동안 5킬로그램 빼는 데 성공했습니다.	私は一ヶ月間で5キロ減らすのに成功しました。
저는 아주 건강합니다.	私はとても健康です。
저는 좀처럼 감기에 걸리지 않습니다.	私はなかなか風邪を引きません。
저는 허약한 체질입니다.	私はひ弱な体質です。
저는 몸이 약해서 학교에 자주 결석합니다.	私は体が弱いので学校をたびたび休みます。
저는 추위에 약합니다.	私は寒さに弱いです。
저는 더위에 잘 견딥니다.	私は暑さに強いです。
감기에 잘 걸리는 체질입니다.	風邪を引きやすい体質です。

단어

- 자동차 : 自動車
- 자동차 경주 : 自動車競走
- 자동차 경주 선수 : 自動車競走選手
- 자동차 경주장 : 自動車競走場
- 자동차 공업 : 自動車工業
- 자동차 전용도로 : 自動車専用道路
- 자동차 매매업자 : 自動車売買業者
- 자동차 메이커 : 自動車メーカー
- 자동차 번호판 : 自動車ナンバープレート
- 자동차 사고 : 自動車事故
- 자동차 속도계 : 自動車速度計
- 자동차 수리공자 : 自動車修理工者
- 자동차 여행 : 自動車旅行
- 자동차 여행자 : 自動車旅行者
- 운전 면허증 : 運転免許証
- 주차장 : 駐車場
- 차고 : ガレージ、車庫
- 자동차 교습소 : 自動車教習所
- 자동차 회사 : 自動車会社
- 전기 자동차 : 電気自動車
- 핸들 : ハンドル
- 가속기 : 加速器
- 클러치 : クラッチ
- 기어 : ギア
- 브레이크 : ブレーキ
- 방향지시기 : 方向指示器
- 미등 : テールライト
- 백미러 : バックミラー
- 앞유리 : フロントガラス
- 와이퍼 : ワイパー
- 클랙슨 : クラクション

PART 4

일상의 대화를 하다
日常会話をする
니치 죠우 카이와오스루

01 일상생활

日常生活 니찌조우세이카츠

** 일어나다　　　起きる 오키루

일어날 시간이야!	起きる時間だ。 오키루 지칸다
일어나 있니?	起きてる？ 오키테루?
일어나라 늦겠다.	起きて、遅れるよ。 오키테, 오쿠레루요
아직 졸려.	まだ眠い。 마다 네무이
어제 몇 시에 잤니?	昨日何時に寝た？ 키노우 난지니 네타?
어젯밤, 늦게까지 안 잤어.	昨晩、遅くまで起きてた。 사쿠방, 오소쿠마데 오키테타
밤샜어.	徹夜した。 테츠야시타
난 아침형 인간이 아니야.	私は朝型の人間ではない。 와타시와 아사가타노 닌겐데와나이
이런, 늦잠잤다!	しまった、朝寝坊した。 시맛따, 아사네보우시타
자명종 시계가 그치지 않아요.	目覚まし時計が止まりません。 메자마시도케이가 토마리마센
자명종 시계를 끄고 다시 잤어.	目覚まし時計を止めてまた寝た。 메자마시도케이오 토메테 마타 네타
왜 안 깨웠어?	なんで起こさなかったの？ 난데 오코사나캇따노
일에 늦을 수는 없어.	仕事に遅れることはできないよ。 시고토니 오쿠레루 코토와 데키나이요
어젯밤 잘 잤어.	昨夜よく寝た？ 사쿠야 요쿠 네타?
어젯밤은 잘 못잤어.	昨夜はあまり寝られなかった。 사쿠야와 아마리 네라레나캇따
나쁜 꿈을 꿨어.	悪い夢を見た。 와루이 유메오 미타
너 어젯밤 코 골았어.	あなた昨夜いびきをかいてたよ。 아나타 사쿠야 이비키오 카이테타요

집을 나서다 出かける 데카케루

잠을 깨려면 세수를 해야겠어.	目を覚ますために顔を洗わなきゃ。	메오 사마스타메니 카오오 아라와나캬
이를 닦는 데는 시간이 걸려요.	歯を磨くのに時間がかかります。	하오 미가쿠노니 지칸가 카카리마스
매일 아침, 이 사이도 깨끗이 해요.	毎朝、歯の間もきれいにします。	마이아사, 하노 아이다모 키레이니시마스
누가 화장실에 있어요.	誰かがお手洗いにいます。	다레카가 오테아라이니 이마스
오늘 아침엔 머리 감을 시간이 없어요.	今朝は髪を洗う時間がありません。	케사와 카미오 아라우 지칸가 아리마셍
머리를 빗어야 해요.	髪をとかなければいけません。	카미오 토카나케레바 이케마셍
신문을 가져다 주지 않을래요?	新聞を持ってきてくれませんか。	신붕오 못떼키테쿠레마셍카
커피를 마시면 눈이 떠져.	コーヒーを飲むと目が覚める。	코-히-오 노무토 메가 사메루
안 돼, 커피가 떨어졌어.	だめだ、コーヒーが切れちゃった。	다메다, 코-히-가 키레챳따
대신 홍차를 타야지.	代わりに紅茶を入れなきゃ。	카와리니 코우차오 이레나캬
전 절대로 아침을 거르지 않아요.	私は絶対朝ごはんを食べます。	와타시와 젯따이 아사고항오 타베마스
오늘은 아침을 먹을 기분이 아니야.	今日は朝ごはんを食べる気分ではない。	쿄우와 아사고항오 타베루 기분데와 나이
어젯밤 너무 많이 마셨어.	昨夜、飲みすぎた。	사쿠야, 노미스기타
숙취가 있어.	二日酔いです。	후츠카요이데스
화장을 해야 해.	化粧をしなきゃ。	케쇼우오 시나캬
오늘 뭘 입지?	今日は何を着ようか。	쿄우와 나니오 키요우카
어떤 넥타이를 매지?	どんなネクタイをしめようか。	돈나 네쿠타이오 시메요우카
우산을 가져가야 하나?	傘を持って行かなきゃいけない？	카사오 못떼 이카나캬 이케나이?
서둘러서 준비해!	急いで用意して。	이소이데 요우이시테
점심 도시락 잊지 마.	お昼のお弁当、忘れないで。	오히루노 오벤또우, 와스레나이네
몇 시에 집에 올 거야?	何時に帰ってくるの？	난지니 카엣떼쿠루노?

Part 4 일상의 대화를 하다 · 일상생활

나 갈게.	私、行くね。	와타시, 이쿠네

✱✱ 집안일을 하다　家事をする。 카지오 스루

오늘은 쓰레기 수거일이야.	今日はゴミの回収の日だ。	쿄우와 고미노 카이슈우노 히다
쓰레기를 내다 주지 않을래?	ゴミを出してくれる？	고미오 다시테쿠레루
세탁물을 세탁기 속에 넣어.	洗濯物を洗濯機に入れて。	센타쿠모노오 센타쿠키니 이레테
세탁물이 쌓였어.	洗濯物がたまった。	센타쿠모노가 타맛따
오늘은 세탁을 해야 해.	今日は洗濯しなきゃいけない。	쿄우와 센타쿠시나캬 이케나이
세탁물을 널어 줄래?	洗濯物を干してくれる？	센타쿠모노오 호시테쿠레루?
이 셔츠는 건조기에서 말리면 안 돼요.	このシャツは乾燥機で干してはいけません。	코노샤츠와 칸소우키데 호시테와 이케마센
이건 쉽게 줄어요.	これは縮みやすいです。	코레와 치지미야스이데스
세탁물을 건조기에서 꺼내 개어 줄래?	洗濯物を乾燥機から出して畳んでくれる？	센타쿠모노오 칸소우키카라 다시테 타탄데쿠레루?
이 옷들은 세탁소에 가져가야 해.	この服はクリーニング屋に持って行かなきゃ。	코노후쿠와 크리-닝구야니 못떼 이카나캬
양복을 세탁소에 찾으러 가야 해.	スーツをクリーニング屋に取りに行かなきゃ。	스-츠오 크리-닝구야니 토리니 이카나캬
다려야 하는 옷이 산더미야.	アイロンをかける服が山ほどあります。	아이롱오 카케루 후쿠가 야마호도 아리마스
다림질은 시간이 걸려.	アイロンは時間がかかる。	아이롱와 지칸가 카카루
방이 어질러졌네.	部屋が散らかっちゃったね。	헤야가 치라캇챳따네
방을 치우세요.	部屋を片づけなさい。	헤야오 카타즈케나사이
청소기를 돌려야 해.	掃除機をかけなきゃ。	소우지키오 카케나캬
청소기를 돌리면 아무 소리도 안 들려요.	掃除機をかけると何も聞こえません。	소우지키오 카케루토 나니모 키코에마센
마루에 먼지가 많아.	床にほこりがたくさんある。	유카니 호코리가 닥상아루
젖은 걸레로 마루를 닦아야 해.	ぬれ雑巾で床をふかなきゃいけない。	누레조우킨데 유카오 후카나캬이케나이

화장실 청소는 중노동이야.	お手洗いの掃除は重労働だよ。	오테아라이노 소우지와 쥬우로우도다요
좀더 강력한 세제가 필요해.	もっと強力な洗剤が必要だ。	못또 쿄우료쿠나 센자이가 히츠요우다
땀으로 푹 젖었어.	びっしょり汗をかいた。	빗쇼리 아세오 카이타
집 청소를 마쳐서 기분이 너무 좋아.	家の掃除が終わってとても気持ちいい。	이에노 소우지가 오왓떼 토테모 키모치이이

✱ 집으로 돌아오다 家に帰る 이에니 카에루

애들이 올 때까지 낮잠을 잘 거야.	子供たちが帰ってくるまで昼寝をする。	코도모타치가 카엣떼쿠루마데 히루네오 스루
애들을 데리러 갈 시간이야.	子供たちを迎えに行く時間だ。	코도모타치오 무카에니 이쿠지칸다
돌아가는 길에 쇼핑을 해야 해.	帰り道にショッピングをしなきゃいけない。	카에리미치니 숏핑구오 시나캬이케나이
저녁은 뭘로 할까?	夕食は何にしようか。	유우쇼쿠와 나니니 시요우카
살 것을 메모해 두는 편이 좋아.	買うものをメモしておいた方がいい。	카우모노오 메모시테 오이타호우가 이이
광고전단지를 체크하자.	広告チラシをチェックしよう。	코우코쿠치라시오 쳇쿠시요우
오늘 뭐가 세일이지?	今日は何がセールになってるの？	쿄우와 나니가 세-루니 낫떼루노?
설탕이 떨어졌어.	砂糖がなくなった。	사토우가 나쿠낫따
돌아왔어요.	ただいま。	타다이마
오늘 어땠어?	今日はどうだった？	쿄우와 도우닷따?
오늘 학교는 어땠어?	今日学校はどうだった？	쿄우 갓코우와 도우닷따?
간식은 어딨어요?	おやつはどこにありますか。	오야츠와 도코니 아리마스카
손부터 씻어라.	まず手を洗って。	마즈 테오 아랏떼
학원에 갈게요.	熟(学院)に行ってきます。	쥬쿠(가쿠잉)니 잇떼키마스
오늘 축구 연습이 있어요.	今日サッカーの練習があります。	쿄우 삿카-노 렌슈가 아리마스
오늘은 일이 빨리 끝났어.	今日は仕事が早く終わった。	쿄우와 시고토가 하야쿠 오왓따
바로 집에 갈까나.	すぐ家に帰ろうかな。	스구 이에니 카에로우카나

오늘은 마시러 가지 않을 거야.	今日は飲みに行かない。	쿄우와 노미니 이카나이
가끔은 빨리 집에 돌아가는 게 좋아.	たまには早く家に帰った方がいい。	타마니와 하야쿠 이에니 카엣따 호우가 이이
지금은 퇴근 정체야.	今は退勤時の渋滞だ。	이마와 타이킨지노 쥬우타이다
지하철이 심하게 붐비네.	地下鉄がひどく混んでいる。	치카테츠가 히도쿠 콘데이루
좋았어, 어떻게든 지하철을 탈 수 있었군.	よかった、なんとか地下鉄に乗れたね。	요캇따, 난토카 치카테츠니 노레타네
장거리 출퇴근은 힘들어.	遠距離の通勤は大変。	엔쿄리노 츠우킨와 타이헨

✱✱ 저녁 식사　夕食 유우쇼쿠

오늘은 빨리 왔네.	今日は早く帰ってきたね。	쿄우와 하야쿠 카엣떼키타네
저녁 식사할래요? 아님 목욕 먼저 할래요?	夕食にしますか。それとも先にお風呂に入りますか。	유우쇼쿠니 시마스카, 소레토모 사키니 오후로니 하이리마스카
재킷은 옷걸이에 걸어 두세요.	ジャケットはハンガーにかけてください。	쟈켓토와 항가ー니 카케테 쿠다사이
나 너무 배고파.	私とてもお腹がすいた。	와타시 토테모 오나카가 스이타
좋은 냄새가 나는데.	いいにおいがするが。	이이 니오이가 스루가
오늘 저녁은 뭐야?	今日の夕食は何？	쿄우노 유우쇼쿠와 나니?
당신이 좋아하는 걸 만들었어요.	あなたが好きなものを作りました。	아나타가 스키나 모노오 츠쿠리마시타
오늘은 롤 캐비지예요.	今日はロールキャベツです。	쿄우와 로ー루캬베츠데스
몇 분이면 식사 다돼요.	もう少しで食事ができます。	모우스코시데 쇼쿠지가 데키마스
식탁 좀 차려 줄래요?	食卓にちょっと準備してくれる？	쇼쿠타쿠니 춋또 쥰비시테쿠레루
식사 다 됐어요.	食事ができましたよ。	쇼쿠지가 데키마시타요
가요.	行きます。	이키마스
포도주를 좀 마시죠?	ワインをちょっと飲みましょうか。	와인오 춋또 노미마쇼우카
괜찮아요?	大丈夫ですか。	다이죠우부데스카
맛이 어때?	味はどう？	아지와 도우?

스프가 좀 싱거운 것 같아.	スープがちょっと薄いんじゃない。	스-프가 춋또 우스인쟈나이
당근을 남기면 안 돼.	にんじんを残したらだめ。	닌진오 노코시타라 다메
야채는 몸에 좋아요.	野菜は体にいいです。	야사이와 카라다니 이이데스
그렇게 음식을 가리면 안 돼.	そんなに好き嫌いをしたらだめ。	손나니 스키기라이오 시타라다메
남기지 말고 먹어라.	残さないで食べてね。	노코사나이데 타베테네
스프 더 먹어도 돼요?	スープおかわりしていいですか。	스-프 오카와리시테이이데스카
스튜가 좀 식었어요.	シチューがちょっと冷めました。	시츄-가 춋또 사메마시타
다시 데워 줄게.	また暖めてあげる。	마타 아타타메테아게루
밥 더 줄까?	ご飯おかわりする？	고항 오카와리스루?
다 먹었니?	食べ終わった？	타베오왓따?
정말 배불러요.	本当にお腹いっぱいです。	혼토우니 오나카잇빠이데스
디저트 먹을 수 있겠니?	デザート食べられる？	데자-토 타베라레루?
디저트 먹을 자리는 남길 거야.	デザートの分は空けておくよ。	데자-토노 분와 아케테오쿠요

휴식을 취하다　休みをとる　야스미오 토루

식탁 좀 치워 줄래?	食卓をちょっと片づけてくれる？	쇼쿠타쿠오 춋또 카타즈케테쿠레루?
접시들을 싱크대로 갖다 줄래?	お皿を流しに持ってきてくれる？	오사라오 나가시니 못떼 키테쿠레루?
설거지는 제가 할게요.	皿洗いは私がします。	사라아라이와 와타시가 시마스
식기 세척기를 사요.	食器洗浄器を買いましょう。	숏끼센조우키오 카이마쇼우
저 목욕할게요.	私お風呂に入ります。	와타시 오후로니 하이리마스
뜨거운 물로 목욕하면 몸이 풀려요.	湯船に入ると体の疲れが取れます。	유부네니 하이루토 카라다노 츠카레가 도레마스
목욕물이 충분히 뜨겁지 않은데.	お湯があまり熱くないが。	오유가 아마리 아츠쿠나이가

목욕을 마치고 맥주를 마시면 최고지.	お風呂の後ビールを飲むのは最高だ。	오후로노아토 비-루오 노무노와 사이코우다
TV에서 야구 중계를 하고 있어요.	テレビで野球の中継をしています。	테레비데 야쿠우노 추우케이오 시테이마스
TV에 뭐 좋은 프로가 있나?	テレビで何かいい番組やってる？	테레비데 나니카 이이반구미얏떼루?
이 프로 끔찍한데.	この番組むごいんじゃない。	코노 반구미 무고인쟈나이
더 이상 못 보겠어.	これ以上見られない。	코레이죠우 미라레나이
리모컨 좀 갖다 줄래?	ちょっとリモコンを持ってきてくれる？	춋또 리모콘오 못떼키테쿠레루?
그렇게 마구 채널을 바꾸지 말아요.	そんなにやたらにチャンネルを変えないでください。	손나니 야타라니 챤네루오 카에나이데 쿠다사이
이제 텔레비전을 꺼요.	もうテレビを消してください。	모우 테레비오 케시테쿠다사이
숙제는 다했니?	宿題は終わった？	슈쿠다이와 오왓따?
당장 비디오 게임을 그만 둬.	今すぐビデオゲームを止めて。	이마 스구 테레비게-무오 토메테
비디오 게임은 하루에 한 시간만 할 수 있어.	ビデオゲームは一日に1時間だけ。	테레비게-무와 이치니치니 이치지칸다케
내일 준비는 다했니?	明日の準備は終わった？	아시타노 쥰비와 오왓따?

✱✱ 휴일 休みの日 야스미노 히

적어도 일요일 정도는 느긋하게 자고 싶어.	せめて日曜日ぐらいはゆっくり寝たいです。	세메테 니치요우비구라이와 윳쿠리네타이데스
한 주 내내 바빴기 때문에 피곤해.	一週間ずっと忙しかったので疲れている。	잇슈우칸 줏또 이소가시캇따노데 츠카레테이루
난 휴식이 좀 필요해.	私は休みがほしい。	와타시와 야스미가 호시이
날씨 좋은데.	天気良いね。	텐키이이네
오늘 어떻게 보낼까?	今日は何をして過ごそうかな。	쿄우와 나니오 시테 스고소우카나
개를 산책시켜야 해.	犬を散歩させなきゃ。	이누오 산포사세나캬
서점에 들를까?	本屋に寄ろうか。	혼야니 요로우카
서점에 서서 책 보는 걸 좋아해.	本屋で立ち読みするのが好き。	혼야데 타치요미스루노가 스키

이 책을 살까 아님 도서관에서 빌릴까?	この本を買うかあるいは図書館で借りるか。	코노홍오 카우카 아루이와 토쇼칸데 카리루카
이 비디오 테이프 오늘 반납해야 해.	このビデオテープを今日返さなきゃ。	코노 비데오테-프오 쿄우 카에사나캬
비디오 테이프를 빌리러 갈까 해.	ビデオテープを借りに行こうと思ってる。	비데오테-프오 카리니 이코우토 오못떼루
신작 비디오가 많이 있어.	新作のビデオがたくさんある。	신사쿠노 비데오가 탁상아루
뭘 먼저 빌릴까?	何を先に借りようか。	나니오 사키니 카리요우카
이렇게 많은 중에 하나를 고르는 건 어려워.	こんなにたくさんあるものの中で一つを選ぶのは難しい。	콘나니 탁상 아루모노노 나카데 히토츠오 에라브노와 무즈카시이
공원에 가서 공놀이 하자.	公園に行ってボール遊びしよう。	코우엔니 잇떼 보-루아소비시요우
공원은 주말엔 붐벼.	公園は週末には込む。	코우엔와 슈우마츠니와 코무
오늘 저녁은 외식하자.	今日の夜は外で食べよう。	쿄우노 요루와 소토데 타베요우
가고 싶은 식당 있어?	行きたい店ある？	이키타이 미세아루?
오늘 데이트가 있어.	今日デートがある。	쿄우 데-토가 아루
잘 차려 입고 갈 거야.	おしゃれして行くよ。	오샤레시테 이쿠요
이 셔츠는 이 바지에 안 어울려.	このシャツはこのズボンにあわない。	코노샤츠와 코노즈본니 아와나이
괜찮아 보이니?	これでいいかな？	코레데이이카나

잠자리에 들다 床につく 유카니 츠쿠

오늘밤엔 일찍 잠자리에 들 거야.	今晩は早く寝るよ。	콘방와 하야쿠 네루요
침대에 누워 TV 보는 걸 좋아해.	横になってテレビを見るのが好き。	요코니 낫떼 테레비오 미루노가 스키
아직 안 자니?	まだ寝ないの。	마다 네나이노?
이렇게 늦게까지 뭘 하고 있니?	こんな遅くまで何をしているの。	콘나 오소쿠마데 나니오 시테이루노?
자러 갈 시간이야.	寝る時間だ。	네루 지칸다

애들을 재워 줄래요?	子供たちを寝かしつけてくれる？	코도모타치오 네카시츠케테쿠레루?
아이들에게 책을 읽어 줄 거예요.	子供たちに本を読んであげます。	코도모타치니 홍오 욘데아게마스
소파에서 자지 마.	ソファーで寝ないで。	소화-데 네나이데
불을 켜 둔 채예요.	電気を付けたままです。	덴키오 츠케타마마데스
내일 아침 일찍 일어나야 해.	明日の朝早く起きなきゃいけない。	아시타노 아사 하야쿠 오키나캬이케나이
7시에 알람을 맞췄어.	7時にアラームをセットした。	시치지니 아라-무오 셋또시타
불 껐니?	電気消した？	덴키 케시타?

단 어

일어나다	起きる	오키루
눈을 뜨다	目を覚ます	메오 사마스
늦잠자다	朝寝坊する	아사네보우스루
옷을 입다	服を着る	후쿠오 키루
열쇠를 잠그다	鍵をかける	카기오 카케루
집을 나서다	家を出る	이에오 데루
출근하다	出勤する	슛킨스루
집으로 돌아오다	家に帰る	이에니 카에루
목욕하다	お風呂に入る	오후로니 하이루
샤워하다	シャワーを浴びる	샤와-오 아비루
자다	寝る	네루
낮잠자다	昼寝する	히루네스루
식사	食事	쇼쿠지
간식	おやつ	오야츠
집안일	家事	카지
청소	掃除	소우지
청소기	掃除機	소우지키
정돈하다	片付ける	카타즈케루
세탁	洗濯	센타쿠
세탁물	洗濯物	센타쿠모노
세제	洗剤	센자이
식사 준비를 하다	食事の準備をする	쇼쿠지노 쥰비오스루
식탁을 차리다	食卓を準備する	쇼쿠타쿠오 쥰비스루
식탁을 치우다	食卓を片付ける	쇼쿠타쿠오 카타즈케루
설거지하다	後片付けをする	아토카타즈케오스루
쓰레기	ゴミ	고미

02 대화 표현 ディスコース 디스코스

❊ 말을 걸다   声をかける 코에오 카케루

실례합니다.	失礼します。 시츠레이시마스
실례합니다. 뭘 떨어뜨리셨네요.	すみません、何か落としましたよ。 스미마센, 나니카 오토시마시타요
실례합니다. 여긴 금연 구역인데요.	すみません、ここは禁煙なんですが。 스미마센, 코코와 킨엔난데스가
저기.	あの。 아노
들어 봐!	聞いて。 키이테
저기요.	あのー。 아노ー
여기 좀 보세요.	ここをちょっと見てください。 코코오 춋토 미테쿠다사이
모두, 잠깐 주목해 주시겠어요?	皆さん、ちょっと注目してくださいませんか。 미나상, 춋토 츄우모쿠시테쿠다사이마센카
방해해서 미안한데요.	お邪魔してすみませんが。 오자마시테 스미마센가
이야기 중에 미안한데요.	お話中すみませんが。 오하나시츄우 스미마센가
이야기 좀 할 수 있을까요?	ちょっと話せますか。 춋토 하나세마스카
이야기 좀 할 수 있나요?	ちょっと話があるんですが、いいですか。 춋토 하나시가 아룬데스가, 이이데스카
할 말이 있어.	話がある。 하나시가 아루
할 말이 있는데요.	話があるんですが。 하나시가 아룬데스가
시간 좀 있나요?	ちょっと時間がありますか。 춋토 지칸가 아리마스카
지금, 잠깐 괜찮겠어요?	今、ちょっといいですか。 이마, 춋토 이이데스카
잠깐 이야기 좀 할까요?	ちょっと話しましょうか。 춋토 하나시마쇼우카
잠깐만 이야기하면 돼요.	ちょっとだけ話せればいいんですが。 춋토다케 하나세레바 이인데스가

이봐요, 들었어요?	あのー、聞きましたか。	아노-, 키카마시타카
이봐, 들어 봐.	あのー、聞いて。	아노-, 키이테
듣고 싶니?	聞きたい？	키키타이?
이 얘길 들으면 놀랄 걸.	この話を聞いたらびっくりすると思う。	코노하나시오 키이타라 빗쿠리스루토 오모우
나한테 말하는 거야?	私に言ってるの？	와타시니 잇데루노?
무슨 얘기야?	何の話？	난노하나시?
한 마디만 들려주고 싶은데.	一言だけ言いたい。	히토코토다케 이이타이
말하는 중이니까 끼어들지 마.	話し中だから口を出さないでね。	하나시츄우다카라 쿠치오 다사나이데네

❋❋ 확인하다   確認する 카쿠닌스루

끝까지 들어요.	最後まで聞いてください。	사이고마데 키이테쿠다사이
내 말 좀 들어 봐요.	私の話をちょっと聞いてください。	와타시노 하나시오 춋또 키이테쿠다사이
주의해서 듣고 있어요?	注意して聞いていますか。	츄우이시테 키이테이마스카
듣고 있어요?	聞いていますか。	키이테이마스카
이해하셨습니까?	分かりましたか。	와카리마시타카
알겠어?	分かった？	와캇따?
제가 말하는 것을 이해하셨습니까?	私の言っていることが分かりましたか。	와타시노 잇떼이루코토가 와카리마시타카
제가 말하는 것을 아셨습니까?	私が言っていることをご存知でしたか。	와타시가 잇떼이루코토오 고존지데시타카
제가 말씀드리고 있는 뜻을 아시겠습니까?	私の申し上げている意味がお分かりですか。	와타시노 모우시아케테이루 이미가 오와카리데스카
제가 무슨 말 하는지 아시겠습니까?	私が何を言っているのかお分かりですか。	와타시가 나니오 잇떼이루노카 오와카리데스카
말하는 뜻을 아시겠습니까?	言いたいことがお分かりですか。	이이타이코토가 오와카리데스카
어떻게 된 건지 알겠어?	どうなったのか分かる？	도우낫따노카 와카루?

너도 나한테 동의하지?	あなたも私に同意するよね。	아나타모 와타시니 도우이스루요네

** 맞장구치다 　相づちを打つ 아이즈치오 우츠

듣고 있어요.	聞いています。	키이테이마스
듣고 있습니다.	聞いています。	키이테이마스
열심히 듣고 있어요.	熱心に聞いています。	넷신니 키이테이마스
계속하세요.	続けてください。	츠즈케테쿠다사이
그거 흥미롭네요.	それ面白いですね。	소레 오모시로이데스네
그거 끔찍하네요.	それむごいですね。	소레 무고이데스네
그거 놀랍네요.	それ驚きますね。	소레 오도로키마스네
뭐?	何？	나니?
그게 뭐?	それが何？	소레가 나니?
가령?	例えば？	타토에바?
그런 얘길 들으니 기뻐.	そんな話を聞いて嬉しい。	손나 하나시오 키이테 우레시이
그런 얘길 들으니 안 좋다.	そんな話を聞いて残念だ。	손나 하나시오 키이테 잔넨다
그거 유감이다.	それは残念。	소레와 잔넨
역시나.	やっぱり。	얏빠리
정말?	本当？	혼토우
설마!	まさか。	마사카
그래요?	そうですか。	소우데스카
아, 그러세요?	あ、そうですか。	아, 소우데스카
아, 그러셨어요?	あ、そうなさいましたか。	아, 소우나사이마시타카
확신해?	確信した？	카쿠신시타?
확실해.	確実だ。	카쿠지츠다
뭐 때문에?	何のため？	난노타메?
누가 그렇게 말해?	誰がそう言ってるの？	다레가 소우 잇떼루노?

그거 누구 아이디어야?	それ誰のアイデア？	소레 다레노 아이데아?
그가 정말 그렇게 말했어?	彼が本当にそう言ったの？	카레가 혼토우니 소우 잇따노?

✳ 알겠다　　　　　分かる 와카루

과연.	なるほど。	나루호도
이해하겠어요.	分かります。	와카리마스
당신 입장을 이해해요.	あなたの立場を理解します。	아나타노타치바오 리카이시마스
알고 있어요.	知っています。	싯떼이마스
당신이 말하는 뜻을 알겠습니다.	あなたの言っている意味が分かります。	아나타노잇떼이루 이미가 와카리마스
당신이 무슨 말씀하시는지 알겠습니다.	あなたが何をおっしゃっているのか分かります。	아나타가 나니오 옷샷떼이루노카 와카리마스
알겠어요.	分かります。	와카리마스
이해가 되네요.	理解ができます。	리카이가 데키마스
말씀 이해합니다.	おっしゃったこと理解します。	옷샷따코토 리카이시마스
알았어요.	分かりました。	와카리마시타
그렇게 생각합니다.	そう思います。	소우 오모이마스
확실히 그렇죠.	確かにそうです。	타시카니 소우데스
바로 그거예요.	それ！それです。	소레! 소레데스
그거 좋네요.	それいいですね。	소레 이이데스네

✳ 모르겠다　　　　分からない 와카라나이

모릅니다.	分かりません。	와카리마센
모르겠어요.	分からないです。	와카라나이데스
확실히 그래.	確かにそう。	타시카니소우
그건 몰랐습니다.	それは分からなかったんです。	소레와 와카라나캇딴데스

확실하게는 모르겠습니다.	はっきり分かりません。 핫끼리 와카리마셍
무슨 말인지 모르겠어요.	何の話か分かりません。 난노 하나시카 와카리마셍
무슨 말씀인지 모르겠습니다.	何のお話か分かりません。 난노 오하나시카 와카리마셍
이해하기 어렵네요.	理解しにくいですね。 리카이시니쿠이데스네
죄송하지만, 말씀하시는 바를 모르겠습니다.	すみませんが、おっしゃっていることが分かりません。 스미마셍가, 옷샷떼이루코토가 와카리마셍
그건 무슨 의미입니까?	それは何の意味ですか。 소레와 난노 이미데스카
어떤 의미에서 하신 말씀입니까?	どんな意味でおっしゃっているんですか。 돈나 이미데 옷샷떼이룬데스카
요점을 말해 주겠어요?	ポイントを言っていただけませんか。 포인토오 잇떼이타다케마셍카
그건 이해가 안 되네요.	それは理解できませんね。 소레와 리카이 데키마셍네

** 못 알아들었다   聞き取れない 키키토레나이

뭐?	何？ 나니?
뭐라고요?	何だって？ 난닷떼?
뭐라고 하셨죠?	何とおっしゃったんですか。 난토 옷샷딴데스카
미안합니다.	すみません。 스미마셍
미안합니다. 제대로 못 들었어요.	すみません、よく聞き取れませんでした。 스미마셍, 요쿠 키키토레마셍데시타
잘못 들었어요.	聞き間違えました。 키키마치가에마시타
무엇입니까?	何ですか。 난데스카
뭐라고 말했지?	何と言った？ 난토 잇따?
뭐라고 말하셨나요?	何と言いましたか。 난토 이이마시타카
다시 한번 부탁합니다.	もう一度お願いします。 모우이치도 오네가이시마스
다시 한번 말씀해 주시지 않겠습니까?	もう一度おっしゃってくださいませんか。 모우이치도 옷샷떼쿠다사이마셍카

그거, 다시 한번 설명해 주시겠습니까?	それ、もう一度説明してくださいませんか。 소레, 모우이치도 세츠메이시테쿠다사이마센카
그것을 좀더 쉬운 말로 해주시겠습니까?	それをもっとやさしいことばで言ってくださいませんか。 소레오 못또 야사시이코토바데 잇떼쿠다사이마센카
좀더 큰 소리로 부탁합니다.	もっと大きい声でお願いします。 못또 오오키이코에데 오네가이시마스
좀더 천천히 말씀해 주세요.	もっとゆっくりおっしゃってください。 못또 윳쿠리 옷샤떼쿠다사이
종이에 써 주시겠습니까?	紙に書いてくださいませんか。 카미니 카이테쿠다사이마센카

✱✱✱ 설명하기 어렵다　説明しにくい 세츠메이시니쿠이

그것을 어떻게 설명해야 좋을지 모르겠군요.	それをどう説明すればいいか分かりません。 소레오 도우 세츠메이스레바 이이카 와카리마센
그것을 영어로 어떻게 말해야 좋을지 모르겠군요.	それを英語でどう言えばいいか分かりません。 소레오 에이고데 도우이에바 이이카 와카리마센
제가 하는 말을 이해하시겠습니까?	私が言っていることが理解できますか。 와타시가 잇떼이루코토가 리카이데키마스카
적절한 표현을 못 찾겠네요.	適切な表現が思い浮かびません。 테키세츠나 효우겐가 오모이우카비마센

✱✱✱ 말을 잇다　話をつなぐ 하나시오 츠나구

예,	そうですね。 소우데스네
그러니까.	だから 다카라
결국,	結局 켓쿄쿠
제가 무슨 말을 했죠?	私が何の話をしましたか。 와타시가 난노 하나시오 시마시타카
어디까지 이야기했죠?	どこまで話しましたか。 도코마데 하나시마시타카
뭐라 말하면 좋을지 모르겠지만,	何と言えばいいか分からないですが、 난토이에바 이이카 와카라나이데스가
뭐라 말하면 좋을까?	何と言えばいいか。 난토이에바이이카
그걸 뭐라 그러죠?	それを何と言いますか。 소레오 난토이이마스카

그걸 영어로 뭐라 그러죠?	それを英語で何と言いますか。 소레오 에이고데 난토이이마스카
적당한 단어가 생각나지 않네요.	適当な単語が思い浮かびませんね。 테키토우나 탄고가 오모이우카비마센네
제가 아는 한에서는,	私が知る限りでは、 와타시가 시루카기리데와
개인적으로는,	個人的には 코진테키니와
확실하게 말해서,	はっきり言って、 핫끼리잇떼
진지한 이야기로,	真剣な話で、 신켄나 하나시데
요점을 말하자면,	要点を言えば、 요우텐오 이에바

✱ 화제를 바꾸다   話題を変える 와다이오 카에루

화제를 바꾸죠.	話題を変えましょう。 와다이오 카에마쇼우
그럼 이제,	では、데와
어쨌거나,	とにかく 토니카쿠
주제를 바꾸면,	主題を変えると、 슈다이오 카에루토
이야기가 주제에서 벗어났네요.	話が主題からそれましたね。 하나시가 슈다이카라 소레마시타네
주제로 돌아가죠.	主題に戻りましょう。 슈다이니 모도리마쇼우
다음 화제로 옮기죠.	次のトピックにうつりましょう。 츠기노 토핏쿠니 우츠리마쇼우
그 이야기는 나중에 하죠.	その話は今度にしましょう。 소노 하나시와 콘도니 시마쇼우
그것에 대해서는 다음 번에 이야기하죠.	それに関しては今度話しましょう。 소레니 칸시테와 콘도 하나시마쇼우
그 이야기는 그만 둬요.	その話はやめてください。 소노 하나시와 야메테 쿠다사이
지금은 그 일을 말하고 싶지 않아요.	今はそれに関して話したくありません。 이마와 소레니 칸시테 하나시타쿠아리마센
그것은 지금 이야기할 만한 일이 아니에요.	それは今話すことじゃありません。 소레와 이마 하나스코토쟈아리마센
그 이야기는 하면 안 돼.	それを話したらだめ。 소레오 하나시다라다메

이야기를 재촉하다　話を促す 하나시오 우나가스

말해.	言って。	잇떼
빨리 말해.	早く言って。	하야쿠 잇떼
제발 말해 줘.	頼むから言って。	타노무카라 잇떼
좀더 자세히 말해 봐.	もっと詳しく言ってみて。	못또 쿠와시쿠 잇떼미테
그 이야기가 듣고 싶어.	その話が聞きたい。	소노 하나시가 키키타이
뭐든 말해 봐.	なんでも言ってみて。	난데모 잇떼미테
흥미 있는데.	面白いね。	오모시로이네
뭘 생각하고 있어?	何を考えているの？	나니오 캉가에테이루노?
어땠어?	どうだった？	도우닷따?
어떻게 되었어?	どうなった？	도우낫따?
마음에 들었니?	気に入った？	키니잇따?
네가 받은 인상은 어때?	あなたが受けた印象はどう？	아나타가 우케타 인쇼우와 도우?

단어

- 회화 : **会話** 카이와
- 말하다 : **言う** 이우
- 잡담(하다) : **雑談(する)** 자츠단(스루)
- 듣다 : **聞く** 키쿠
- 화제 : **話題** 와다이
- 이해하다 : **理解する** 리카이스루
- 이해 : **理解** 리카이
- 의미(하다) : **意味(する)** 이미(스루)
- 질문(하다) : **質問(する)** 시츠몬(스루)
- 대답(하다) : **答え(る)** 코타에(루)
- 상담하다 : **相談する** 소우단스루
- 상담 : **相談** 소우단
- 토론 : **討論** 토우론
- 토론하다 : **討論する** 토우론스루
- 논쟁 : **論争** 론소우
- 논쟁하다 : **論争する** 론소우스루
- 숙고하다 : **熟考する** 훗코우스루
- 고려 : **考慮** 코우료
- 주장하다 : **主張する** 슈쵸우스루
- 설득하다 : **説得する** 셋토쿠스루
- 타협하다 : **妥協する** 다쿄우스루
- (이야기가) 빗나가다 : **話がそれる** 하나시가 소레루
- 강의 : **講義** 코우기
- 발표 : **発表** 핫뾰우

PART 5

인간관계를 말하다

人間関係を言う
닌겐칸케이오 이우

01 친구 · 이성 친구 友達・異性の友達
토모다치 이세이노 토모다치

※ 친구에 대해
友達について 토모다치니 츠이테

나는 친구가 많습니다.	私は友達が多いです。 와타시와 토모다치가 오오이데스
나에게는 친구가 세 명 있습니다.	私には友達が3人います。 와타시니와 토모다치가 산닌이마스
우리 세 사람은 항상 행동을 같이하고 있습니다.	私たち3人はいつも行動を共にしています。 와타시타치 산닝와 이츠모 코우도우오 토모니시테이마스
한선은 제 좋은 친구입니다.	ハンソンは私のいい友達です。 한손와 와타시노 이이토모다치데스
우리는 좋은 친구입니다.	私たちはいい友達です。 와타시타치와 이이토모다치데스
나는 한선과 뜻이 잘 맞습니다.	私はハンソンとよく気が合います。 와타시와 한손토 요쿠 키가 아이마스
한선은 내가 마음을 털어놓을 수 있는 유일한 친구입니다.	ハンソンは私が心のうちを打ち明けられる唯一の友達です。 한손와 와타시가 코코로노우치오 우치아케라레루 유우이치노 토모다치데스
사진에 나와 함께 있는 여자 아이는 내 어린 시절 친구입니다.	写真の中で私と一緒にいる女の子は私の幼い時の友達です。 샤신노나카데 와타시토 잇쇼니이루 온나노코와 와타시노오사나이토키노 토모다치데스
그녀는 제 소중한 친구입니다.	彼女は私の大切な友達です。 카노죠와 와타시노 타이세츠나 토모다치데스
같은 동네에서 자랐습니다.	同じ村で育ちました。 오나지무라데 소다치마시타
우리는 고등학교 때부터의 친구입니다.	私たちは高校の時からの友達です。 와타시타치와 코우코우노토키카라노 토모다치데스
고등학교 같은 반 친구입니다.	高校の同じクラスの友達です。 코우코우노오나지 쿠라스노토모다치데스
벌써 몇 년이나 만나지 않았습니다.	もう何年も会っていなかったんです。 모우 난넨모 앗떼이나캇딴데스
그와 나는 그다지 친하지는 않습니다.	彼と私はあまり親しくありませんでした。 카레토 와타시와 아마리 시타시쿠아리마센데시타

그녀와는 일로 아는 사이입니다.	彼女は仕事上の知り合いです。 카노죠와 시고토죠우노 시리아이데스
나에게는 마음을 털어놓을 수 있는 친구가 한 사람도 없습니다.	私には心のうちを打ち明けられる友達が１人もいません。 와타시니와 코코로노우치오 우치아케라레루토모다치가 히토리모이마센
아무도 내 친구가 되고 싶어하지 않습니다.	誰も私の友達になろうとしません。 다레모 와타시노 토모다치니 나로우토시마센
나는 고독합니다.	私は寂しいです。 와타시와 사비시이데스

✲✲ 남자친구에 대해 彼氏について 카레시니 츠이테

일전에 남자아이로부터 좋아한다는 고백을 받았습니다.	この間、男の子から好きだと告白されました。 코노아이다, 오토코노코카라 스키다토 코쿠하쿠사레마시타
우리는 지금 교제중입니다.	私たちは今付き合っています。 와타시타치와 이마 츠키앗떼이마스
지금의 남자친구와는 아르바이트하는 곳에서 알게 되었습니다.	今の彼氏とはバイト先で知り合いました。 이마노 카레시토와 바이토사키데 시리아이마시타
나는 태규를 디스코테크에서 알게 되었습니다.	私はテギュとディスコで知り合いました。 와타시와 태규토 디스코데 시리아이마시타
그와 처음 만난 것은 우리 학교 도서관에서였습니다.	彼と初めて会ったのは、うちの学校の図書館でした。 카레토 하지메테 잇따노와 우치토 각코우노 토쇼칸데시타
나는 번화가에서 그에게 찍혔습니다.	私は繁華街で彼にナンパされました。 와타시와 한카가이데 카레니 난파사레마시타
우리가 만난 것은 3개월 전입니다.	私たちが出会ったのは3ヶ月前です。 와타시타치가 데앗따노 산카게츠마에데스
태규와 나는 아주 마음이 잘 맞습니다.	テギュと私はよく気が合います。 태규토 와타시와 요쿠 키가 아이마스
태규는 유머 센스가 있어서 나는 그를 아주 좋아합니다.	テギュはユーモアがあるから私は彼が大好きです。 태규와 유-모아가 아루카라 와타시와 카레가 다이스키데스
그는 나를 자주 웃게 해 줍니다.	彼は私をよく笑わせてくれます。 카레와 와타시오 요쿠 와라와세테 쿠레마스
나는 무엇을 할 때든 그와 함께합니다.	私は何をする時にも彼と一緒です。 와타시와 나니오스루토키니모 카레토 잇쇼네스

| 그는 잘 생겼고 머리도 아주 좋습니다. | 彼はハンサムで頭もとてもいいです。 카레와 한사무데 아타마모 토테모이이데스 |

내 남자친구는 여자아이들한테 인기가 많아서 조금 걱정입니다.　私の彼氏は女の子たちに人気があるので少し心配です。 와타시노 카레시와 온나노코타치니 닌키가 아루노데 스코시 신파이데스

전에 민수와 사귀었습니다.　以前ミンスと付き合っていました。 이젠 민수토 츠키앗떼이마시타

오래 전에 헤어졌습니다.　ずっと前に別れました。 줏또 마에니 와카레마시타

현재 남자친구를 찾고 있는 중입니다.　今、彼氏を募集中です。 이마, 카레시오 보슈우츄우데스

잘생긴 남자친구가 생기길 간절히 바랍니다.　かっこいい彼氏ができるように願っています。 캇코이이 카레시가 데키루요우니 네즛떼이마스

✳✳ 여자친구에 대해　彼女について 카노죠니 츠이테

수미와 사귀고 있습니다.　スミと付き合っています。 수미토 츠키앗떼이마스

다른 학교 여자 아이와 만나고 있습니다.　他の学校の女の子と付き合っています。 호카노 갹코우노 온나노코토 츠키앗떼이마스

우리는 만나기 시작한 지 벌써 1년이 됩니다.　私たちは付き合い始めてからもう1年になります。 와타시타치와 츠키아이하지메테카라 모우 이치넨니 나리마스

수미와는 고교 시절부터 아는 사이입니다.　スミとは高校の時から知り合いです。 수미토와 코우코우노 토키카라 시리아이데스

그녀는 함께 있으면 아주 재미있는 사람입니다.　彼女は一緒にいると、とても面白い人です。 카노죠와 잇쇼니 이루토 토테모 오모시로이히토데스

우리는 만난 지 2년이 되지만, 아직 한 번도 싸움을 한 적이 없습니다.　私たちは出会って2年になりますが、まだ1度も喧嘩したことがありません。 와타시타치와 데앗떼 니넨니나리마스가, 마다 이치도모 켄카시타코토가 아리마센

내 여자 친구는 아주 근사하고, 마치 패션 모델 같습니다.　私の彼女は格好よくて、まるでファッションモデルみたいです。 와타시노 카노죠와 칵코요쿠테, 마루데 홧숀모데루미타이데스

나는 현재 두 여성과 만나고 있습니다.　私は今二人の女性と付き合っています。 와타시와 이마 후타리노 죠세이토 츠키앗떼이마스

수지와 다시 만나고 있습니다.　スジとまた付き合っています。 수지토 마타 츠키앗떼이마스

❋ 연애 감정 표현
恋愛感情の表現 렌아이칸죠우노 효우겐

나에게는 짝사랑하는 여성이 있습니다.	私には片思いの女性がいます。 와타시니와 카타오모이노 죠세이가 이마스
밤이나 낮이나 그녀를 생각합니다.	いつも彼女のことを考えています。 이츠모 카노죠노 코토오 캉가에테이마스
처음 만난 순간에 그를 사랑하게 되어버렸습니다.	初めて会った時から彼のことが好きになりました。 하지메테 앗따토키카라 카레노코토가 스키니 나리마시타
태규라고 하는 이름의 남성이 나의 특별한 사람입니다.	テギュという名前の男性が私の特別な人です。 테규토이우나마에노 단세이가 와타시노 토쿠베츠나 히토데스
나는 수미를 미칠 듯 사랑하고 있습니다.	私はスミのことを夢中に愛しています。 와타시와 수미노코토오 무츄우니 아이시테이마스
나는 태규를 사랑하게 되었습니다.	私はテギュのことを愛するようになりました。 와타시와 태규노코토오 아이스루요우니 나리마시타
나는 상사병에 걸렸습니다.	私は恋煩いしています。 와타시와 코이와즈라이시테이마스
그가 내게 처음 키스했을 때, 내 가슴은 뛰었습니다.	彼が私に始めてキスしたとき、私の胸はどきどきでした。 카레가 와타시니 하지메테 키스시타토키, 와타시노무네와 도키도키데시타
그녀에 대한 사랑은 시간이 갈수록 더 강렬해집니다.	彼女に対する愛は時間が経てば経つほどもっと強くなります。 카노죠니타이스루 아이와 지칸가 타테바타츠호도 못또 츠요쿠나리마스
태규를 만날 수 없는 날이 제일 괴롭습니다.	テギュに会えない日が一番辛いです。 태규니 아에나이히가 이치방 츠라이데스

❋ 데이트에 대해
デートについて 데-토니 츠이테

그녀에게 데이트를 처음 신청했을 때는 아주 긴장했습니다.	彼女にデートを初めて申し込んだ時はとても緊張しました。 카노죠니 데-토오 하지메테 모우시콘다토키가 토테모 킨쵸우시마시타
우리의 첫 데이트는 롯데월드였습니다.	私たちの初デートはロッテワールドでした。 와타시타치노 하츠데-토와 롯테와-루도데시타
첫 데이트에서 나는 긴장해서 거의 아무 말도 할 수 없었습니다.	初デートで私は緊張してほとんど何も言えなかったんです。 하츠데-토데 와타시와 킨쵸우시테 호톤도 나니모 이에나캇딴데스

우리는 데이트를 항상 호화로운
식사로 마쳤습니다.

私たちはいつもぜいたくな食事でデートを終えました。
와타시타치와 이츠모 제이타쿠나 쇼쿠지데 데-토오 오에마시타

예전에는 함께 영화를 보러 자주
갔었지만, 요즘에는 전처럼
가지 않습니다.

以前はよく一緒に映画を見に行きましたが、
最近はそれほど行っていません。
이젠와 요쿠 잇쇼니 에이가오 미니이키마시타가, 사이킨와 소레호도 잇떼이마센

일이 바빠서, 생각만큼 그녀를
만날 수 없습니다.

仕事が忙しくて、思ったほど彼女に会えません。
시고토가 이소가시쿠테, 오못따호도 카노죠니 아에마센

두 사람 다 아주 바빠서,
만날 수 있는 기회를
좀처럼 만들 수 없습니다.

二人ともとても忙しくて、会う機会がなかなか作れません。
후타리토모 토테모 이소가시쿠테, 아우키카이가 나카나카츠쿠레마센

전화할 때마다 그녀는
집에 없습니다.

電話するたび彼女は留守です。
덴와스루타비 카노죠와 루스데스

나는 이제 더 이상 수미와
데이트하지 않습니다.

私はもうこれ以上スミとデートしません。
와타시와 모우 코레이죠우 수미토 데-토시마센

아직 그녀와 데이트한 적이
없습니다.

まだ彼女とデートしたことがありません。
마다 카노죠토 데-토시타코토가 아리마센

❊ 말다툼에 대해　　口喧嘩について　쿠치켄카니 츠이테

최근, 나와 여자친구는
사소한 일로 말다툼을 합니다.

最近、私と彼女はつまらないことで口喧嘩をします。
사이킨, 와타시토 카노죠와 츠마라나이코토데 쿠치켄카오시마스

우리는 둘 다 제멋대로라서,
항상 마지막에는 싸움이
되어 버립니다.

私たちは二人ともわがままなので、いつも最後は喧
嘩になってしまいます。
와타시타치와 후타리토모 와가마마나노데, 이츠모 사이고와 켄카니낫떼시마이마스

❊ 실연에 대해　　失恋について　시츠렌니 츠이테

아주 좋아한 남자 선배에게
여자친구가 있다는 사실을
알고 충격을 받았습니다.

大好きな男の先輩に彼女がいるという事実を聞いて
ショックを受けました。
다이스키나 오토코노센파이니 카노죠가 이루토이우지지츠오 키이테 숏쿠오 우케마시타

나는 그녀에게 빠져 있지만,
그녀는 다른 사람을 좋아하는
것 같습니다.

私は彼女に夢中ですが、彼女は他の人が好きみたいです。
와타시와 카노죠니 무츄우데스가, 카노죠와 호카히토가 스키미타이데스

다른 여성과 교제하고 있는 것 같습니다.	他の女性と付き合っているみたいです。 호카노 죠세이토 츠키앗떼이루미타이데스	
그에게 있어 나 같은 건 없는 거나 마찬가지입니다.	彼にとって私はいないのと同じです。 카레니톳떼 와타시와 이나이노토오나지데스	
태규와 나는 지난달에 헤어졌습니다.	テギュと私は先月、別れました。 태규토 와타시와 센게츠, 와카레마시타	
그녀는 나를 떠났습니다.	彼女は私から離れていきました。 카노죠와 와타시카라 하나레테이키마시타	
한동안은 괴로웠지만, 지금은 완전히 극복했습니다.	しばらくの間辛かったんですが、今は完全にのりこえました。 시바라쿠노아이다 츠라캇딴데스가, 이마와 칸젠니 노리코에마시타	
나는 실연당했습니다.	私はふられました。 와타시와 후라레마시타	
나는 태규의 사랑을 얻지 못했습니다.	私はテギュに愛してもらえませんでした。 와타시와 태규니 아이시테모라에마센데시타	
나는 아직도 그녀를 잊을 수 없습니다.	私は今も彼女のことが忘れられません。 와타시와 이마모 카노죠노코토가 와스레라레마센	

✱✱ 권태기에 대해   倦怠期 켄타이키

이제는 그녀에게 흥미가 없습니다.	もう彼女には興味がありません。 모우 카노죠니와 쿄우미가 아리마센	
두 번 다시 그녀를 만나고 싶지 않습니다.	二度と彼女に会いたくありません。 니도토 카노죠니 아이타쿠아리마센	
유감스럽게도 그녀에 대한 사랑은 식어 버렸습니다.	残念なことに彼女に対する恋は冷めてしまいました。 잔넨나코토니 카노죠니타이스루 코이와 사메테시마이마시타	
그녀는 처음부터 다시 시작하고 싶다고 하지만, 나는 그렇지 않습니다.	彼女は最初からもう一度始めたいと言っていますが、私はそうじゃありません。 카노죠와 사이쇼카라 모우이치도 하지메테미토잇떼이마스가, 와타시와 소우자아리마센	
나는 그와 헤어지고 싶습니다.	私は彼と別れたいです。 와타시와 카레토 와카레타이데스	

❈ 결혼에 대해　結婚について 켓콘니 츠이테

그녀와의 결혼을 생각하고 있습니다.	彼女との結婚を考えています。	카노죠토노 켓콩오 캉가에테이마스
우리는 결혼을 전제로 교제하고 있습니다.	私たちは結婚を前提に付き合っています。	와타시타치와 켓콩오 젠테이니 츠키앗떼이마스
가능하면 지금의 여자친구와 결혼하고 싶습니다.	できれば今の彼女と結婚したいです。	데키레바 이마노 카노죠토 켓콘시타이데스
아직 결혼에는 전혀 흥미가 없습니다.	まだ結婚にはぜんぜん興味がありません。	마다 켓콘니와 젠젠 쿄우미가 아리마센

❈ 데이트를 청하다　デートに誘う 데-토니 사소우

이번 주말에 시간 있습니까?	今週末に時間ありますか。	콘슈우마츠니 지칸 아리마스카
이번 주말에 일이 있습니까?	今週末に用事がありますか。	콘슈우마츠니 요우지가 아리마스카
이번 주 토요일에 계획이 있으신가요?	今週の土曜日に用事がありますか。	콘슈우노 도요우비니 요우지가 아리마스카
아니오, 특별하게는 없습니다.	いいえ、特にありません。	이이에, 토쿠니 아리마센
이번 토요일에 저와 데이트하시겠습니까?	今度の土曜日に私とデートしませんか。	콘도노 도요우비니 와타시토 데-토시마센카
내일 만날 수 있습니까?	明日会えますか。	아시타 아에마스카
당신의 전화번호를 가르쳐 주시겠어요?	あなたの電話番号を教えてくれますか。	아나타노 뎅와반고우오 오시에테쿠레마스카
당신 집에 전화해도 좋습니까?	あなたの家に電話してもいいですか。	아나타노 이에니 뎅와시테모이이데스카
우리 집에 안 오시겠어요?	我が家に来てくれませんか。	와가야니 키테쿠레마센카
나와 커피하시는 거 어떠세요?	私とコーヒーでもいかがですか。	와타시토 코-히-데모 이카가데스카
한 잔 하러 갑시다.	一杯しに行きましょう。	잇빠이시니 이카마쇼우
오늘 밤, 나와 함께 식사하시는 거 어떠세요?	今晩、私と一緒に食事でもどうですか。	콘방, 와타시토 잇쇼니 쇼쿠지데모 도우데스카

달리 계획이 없으면 춤추러 가지 않겠습니까?	他の用事がなければ踊りに行きませんか。 호카노 요우지가 나케레바 오도리니 이키마센카
뮤지컬 보러 가는 건 어떻습니까? '캣츠' 표가 두 장 있는데요.	ミュージカルを見に行くのはどうですか。 『キャッツ』のチケットが2枚あるんですが。 뮤-지카류오미니 이쿠노와 도우데스카. 캇츠노 치켓토가 니마이 아룬데스가
글쎄요.	そうですね。 소우데스네-
오, 그러고 싶어요. 그거 아주 멋지겠는데요.	うわー、私も行きたいです。それ、すごく面白そうです。 우와-, 와타시모 이키타이데스. 소레, 스고쿠 오모시로소우데스
몇 시에 만날까요?	何時に会いましょうか。 난지니 아이마쇼우카
4시는 어때요?	4時はどうですか。 요지와 도우데스카
자, 어디로 갈까요?	じゃ、どこに行きましょうか。 자, 도코니 이키마쇼우카
영화 보러 가죠.	映画見に行きましょう。 에이가 미니 이키마쇼우
오늘 아주 즐거웠어요.	今日とても楽しかったです。 쿄우, 토테모 타노시캇따데스
저도 즐거웠습니다. 다시 만나 주시겠어요?	私も楽しかったです。また会ってくれますか。 와타시모 타노시캇따데스. 마타 앗떼쿠레마스카

** 거절하다　断る 코토와루

흥미 없습니다.	興味ありません。 쿄우미아리마센
다른 사람과 만나고 있어서요.	他の人と付き合っているので。 호카노히토토 츠키앗떼이루노데
달리 계획이 있어서요.	他の用事があって。 호카노 요우지가 앗떼
급한 일이 생겨서요.	急用ができて。 큐우요우가 데키테
스케줄이 꽉차서요.	スケジュールがいっぱいなので。 스케쥬-르가 잇빠이나노데
머리를 감아야 해서요.	髪を洗わなきゃいけないので。 카미오 아라와나캬이케나이노데
두통이 있어서요.	頭痛がするので。 즈츠우가 스루노데

❋ 고백하다　告白する 코쿠하쿠스루

말하고 싶은 것이 하나 있어요.	言いたいことが一つあります。 이이타이코토가 히토츠아리마스
당신과 교제하고 싶어요.	あなたと付き合いたいです。 아나타토 츠키아이타이데스
너의 남자친구가 되고 싶어.	あなたの彼氏になりたい。 아나타노 카레시니 나리타이
당신에 대해 더 알고 싶어.	あなたについてもっと知りたい。 아나타니 츠이테 못또 시리타이
요즘에는 당신을 매일 생각하고 있어요.	最近あなたのこと毎日考えています。 사이킨 아나타노코토 마이니치 캉가에테이마스
하루 종일 당신을 생각하고 있어요.	一日中あなたのこと考えています。 이치니치쥬우 아나타노코토 캉가에테이마스
당신 생각이 머리에서 떠나지 않아요.	あなたのことが頭から離れません。 아나타노코토가 아타마카라 하나레마센
아침에 눈을 뜨면 제일 먼저 생각나는 사람은 당신이에요.	朝、目を覚ますと一番先に思い出す人はあなたです。 아사, 메오 사마스토 이치반 사키니 오모이다스히토와 아나타데스
당신을 생각하면 항상 아주 행복한 기분이 듭니다.	あなたのことを考えるといつもとても幸せな気分です。 아나타노코토오 캉가에루토 이츠모 토테모 시아와세나 키분데스
당신 같은 사람은 처음입니다.	あなたのような人は初めてです。 아나타노요우나히토와 하지메테데스
보고 싶어서 견딜 수가 없어요.	会いたくてたまりません。 아이타쿠테타마리마센
당신이 정말 그리워요.	あなたのことが本当に恋しいです。 아나타노코토가 혼토우니 코이시이데스
당신을 좋아합니다.	あなたのことが好きです。 아나타노코토가 스키데스
당신을 사랑합니다.	あなたを愛しています。 아나타오 아이시테이마스
당신을 처음 만났을 때부터 좋아했습니다.	あなたに初めて会った時から好きでした。 아나타니 하지메테 앗따토키카라 스키데시타
당신을 알게 되면 될수록 당신을 더욱 사랑하게 됩니다.	あなたを知れば知るほどあなたのことがもっと好きになります。 아나타오 시레바 시루호도 아나타노코토가 못또 스키니 나리마스
당신한테 미쳐 있습니다.	あなたに夢中です。 아나타니 무츄우데스
미칠 정도로 당신을 사랑하고 있습니다.	気が狂うほどあなたを愛しています。 키가쿠루우호도 아나타오 아이시테이마스

온 마음으로 당신을 사랑합니다.	心の底からあなたを愛しています。 코코로노소코카라 아나타오 아이시테이마스	
당신을 사랑할 수 밖에 없습니다.	あなたを愛することしかできません。 아나타오 아이스루코토시카 데키마센	
내가 사랑하는 사람은 당신뿐입니다.	私が愛する人はあなただけです。 와타시가 아이스루히토와 아나타다케데스	
당신을 가장 사랑하는 사람은 바로 나입니다.	あなたを一番愛しているのは他ならぬ私です。 아나타오 이치반 아이시테이루노와 호카나라누 와타시데스	
지금까지 누군가를 이렇게 사랑한 적이 없습니다.	今まで誰かをこんなに愛したことがありません。 이마마데 다레카오 콘나니 아이시타코토가 아리마센	
당신에 대한 사랑을 어떻게 표현하면 좋을지 모르겠습니다.	あなたを愛する気持ちをどう表現すればいいか分かりません。 아나타오 아이스루키모치오 도우 효우겐스레바이이카 와카리마센	
어떤 말로도 당신에 대한 사랑을 표현할 수 없습니다.	あなたを愛する気持ちはことばで表現できません。 아나타오 아이스루 키모치와 코토바데 효우겐데키마센	
당신이 필요합니다.	あなたが必要です。 아나타가 히츠요우데스	
당신을 원합니다.	あなたがほしいです。 아나타가호시이데스	
어떤 일이 있어도 당신을 원합니다.	どんなことがあってもあなたがほしいです。 돈나코토가 잇떼모 아나타가 호시이데스	
당신을 위해서라면 무슨 일이든 하겠어요.	あなたのためならなんでもやります。 아나타노타메나라 난데모야리마스	
당신은 내 모든 것입니다.	あなたは私のすべてです。 아나타와 와타시노 스베테데스	

❈❈ 청혼하다　　求婚する 큐우콘스루

내 사랑이 되어 주십시오.	私の大切な人になってください。 와타시노 타이세츠나 히토니 낫떼쿠다사이
당신 없는 인생은 생각할 수 없습니다.	あなたのいない人生は考えられません。 아나타노이나이진세이와 캉가에라레마센
항상 내 곁에 있어 주세요.	いつも私のそばにいてください。 이츠모 와타시노소바니 이테쿠다사이
어떤 일이 있어도 당신과 함께 있고 싶어요.	どんなことがあってもあなたと一緒にいたいです。 돈나 코토가 잇떼모 아나타토 잇쇼니 이타이데스

절대로 당신을 떠나 보내지 않겠습니다.	絶対あなたをはなしません。 젯따이 아나타오 하나시마센
당신은 내 인생의 기쁨입니다.	あなたは私の人生の喜びです。 아나타와 와타시노 진세이노 요로코비데스
당신은 내게 있어 너무 소중한 사람입니다.	あなたは私にとってとても大切な人です。 아나타와 와타시닛떼 토테모 타이세츠나히토데스
당신에 대한 사랑은 영원할 것입니다.	あなたに対する愛は永遠です。 아나타니타이스루 아이와 에이엔데스
나와 결혼해 주세요.	私と結婚してください。 와타시토 켓콘시테쿠다사이
결혼해 주시겠어요?	結婚してくれますか。 켓콘시테쿠레마스카
나와 결혼해 주시기 바래요.	私と結婚してほしいです。 와타시토 켓콘시테호시이데스
앞으로의 인생을 당신과 함께 보내고 싶습니다.	これからの人生をあなたと一緒に過ごしたいです。 코레카라노진세이오 아나타토 잇쇼니 스고시타이데스
당신과 함께 이 인생을 나누고 싶습니다.	あなたと一緒にこの人生を分かち合いたいです。 아나타토 잇쇼니 코노진세이오 와카치아이타이데스
당신과 인생의 기쁨과 슬픔을 함께 나누고 싶습니다.	あなたと人生の喜びと悲しみを一緒に分かち合いたいです。 아나타토진세이노 요로코비토 카나시미오 잇쇼니 와카치아이타이데스

✶✶ 헤어지자고 하다　別れようと言う 와카레요우토이우

멋진 추억 고마워요.	素敵な思い出ありがとう。 스테키나 오모이데 아리가토우
그냥 친구로 지내요.	ただの友達になりましょう。 타다노토모다치니 나리마쇼우
당신은 이제 옛날의 당신이 아니에요.	あなたはもう昔のあなたじゃありません。 아나타와 모우 무카시노아나타자 아리마센
당신은 변했어.	あなたは変わった。 아나타와 카왓따
당신은 내가 알던 사람이 아니에요.	あなたは私が知ってた人じゃありません。 아나타와 와타시가 슷떼타히토쟈아리마센
이제 당신에게 더 이상 흥미가 없어요.	もうあなたにこれ以上興味がありません。 모우 아나타니 코레이죠우 쿄우미가 아리마센
당신과 함께 있어도 아무것도 느낄 수 없어요.	あなたと一緒にいても何も感じられません。 아나타토 잇쇼니 이테모 나니모 칸지라레마센
당신과 함께 있어도 이제 조금도 즐겁지 않아요.	あなたと一緒にいてももう少しも楽しくありません。 아나타토 잇쇼니 이테모 모우스코시모 타노시쿠 아리마센

우리 관계는 이제 끝입니다.	私たちの関係はもう終わりです。 와타시타치노 칸케이와 모우 오와리데스
우린 끝났어요.	私たちは終わりです。 와타시타치와 오와리데스
당신은 이제 과거의 사람입니다.	あなたはもう過去の人です。 아나타와 모우 카코노히토데스
이제 당신 같은 사람 사랑하지 않아요.	もうあなたのような人は愛していません。 모우 아나타노요우나 히토와 아이시테이마센
이제 당신과는 만날 수 없습니다.	もうあなたとは会えません。 모우 아나타토와 아에마센
같은 직장에서 일하는 남자와 약혼했어요.	同じ職場で働く男の人と婚約しています。 오나지 쇼쿠바데 하타라쿠 오토코노히토토 콘야쿠시테이마스
헤어지고 싶어요.	別れたいです。 와카레타이데스
당신이라면 분명 나보다 좋은 사람을 만날 겁니다.	あなたならきっと私よりいい人に出会えると思います。 아나타나라 킷또 와타시요리 이이히토니 데아에루토 오모이마스
당신을 영원히 생각할 거예요.	あなたのことを永遠に思っています。 아나타노코토오 에이엔니 오못떼이마스

Part 5 인간관계를 말하다

121

친구 · 이성 친구

단 어

관계 : 関係 칸케이
남자친구(애인) : 彼氏 카레시
여자친구(애인) : 彼女 카노죠
오래된 친구 : 昔からの友達 므카시카라노토모다치
반 친구 : クラスメート 크라스메-토
단짝 : 仲良し 나카요시
친하다 : 親しい 시타시이

개인적인 : 個人的な 코진테키나
~와 사귀다 : ~と付き合う 토 츠키아우
약혼중이 : 婚約中である 콘야쿠츄우데아루
결혼하다 : 結婚する 켓콘스루
별거하다 : 別居する 벳쿄스루
이혼하다 : 離婚する 리콘스루

02 가족 家族 카조쿠

※ 가족 구성에 대해 家族の構成について 카조쿠노 코우세이니 츠이테

당신에 대해 좀 알려 주세요.	あなたのことについて教えてください。	아나타노코토니 츠이테 오시에테 쿠다사이
당신 가족에 대해 말해 주세요.	あなたのご家族について教えてください。	아나타노 고카조쿠니츠이테 오시에테 쿠다사이
당신은 형제나 자매가 있습니까?	あなたは兄弟がいますか。	아나타와 쿄우다이가 이마스카
당신은 형제자매가 몇이에요?	あなたは兄弟が何人いますか。	아나타 쿄우다이가 난닝이마스카
당신의 가족은 몇 명입니까?	あなたのご家族は何人ですか。	아나타노고카조쿠와 난닌데스카
당신은 가족과 함께 살고 있습니까?	あなたはご家族と一緒に住んでいますか。	아나타와 고카조쿠토잇쇼니 슨데이마스카
당신은 혼자 삽니까?	あなたは一人暮らしですか。	아나타와 히토리구라시데스카
저는 결혼했습니다.	私は結婚しています。	와타시와 켓콘시테이마스
저는 독신이에요.	私は独身です。	와타시와 독신데스
결혼한 지 3년째입니다.	結婚して3年目です。	켓콘시테 산넨메데스
우리 가족을 소개하고 싶습니다.	私の家族を紹介したいです。	와타시노카조쿠오 쇼우카이시타이데스
저는 부모님과 살아요.	私は両親と住んでいます。	와타시와 료우신토 슨데이마스
우리 집은 대가족입니다.	我が家は大家族です。	와가야와 다이카조쿠데스
우리 가족은 다섯 명입니다.	私の家族は5人です。	와타시노 카조쿠와 고닌데스
우리 집은 다섯 명으로, 부모님, 형, 여동생, 그리고 저입니다.	我が家は5人家族で、両親、兄、妹、そして私です。	와가야와 고닌카조쿠데 료우신, 아니, 이모우토, 소시테 와타시데스
우리 집은 어머니를 제외하면 전부 남자입니다.	我が家は母以外は全員男です。	와가야와 하하이가이와 젠인 오토코데스
나는 세 아이 중에서 제일 연상입니다.	私は3人の中で一番年上です。	와타시와 산닌노나카데 이치방 토시우에데스

나는 삼형제의 막내입니다.	私は3人兄弟の末っ子です。	와타시와 산닌쿄우다이노 스엣꼬데스
나는 우리 집에서 제일 어립니다.	私は我が家で一番幼いです。	와타시와 와가야데 이치방 오사나이데스
나는 첫째 딸입니다.	私は長女です。	와타시와 쵸우죠데스
나는 둘째 딸입니다.	私は次女です。	와타시와 지죠데스
나는 여동생은 하나 있지만, 남자 형제는 없습니다.	私は妹は一人いますが、男の兄弟はいません。	와타시와 이모우토와 히토리이마스가, 오토코노쿄우다이와 이마셍
언니는 나보다 두 살 위입니다.	姉は私より2歳上です。	아니와 와타시요리 니사이우에데스
나에게는 남동생이 하나, 여동생이 하나 있습니다.	私には弟が一人、妹が一人います。	와타시니와 오토우토가 히토리, 이모우토가 히토리이마스
내 남동생은 중학교에 다닙니다.	私の弟は中学生です。	와타시노 오토우토와 츄우각세이데스
그 애는 나보다 다섯 살 밑입니다.	その子は私より5歳下です。	소노코와 와타시요리 고사이시타데스
나와 남동생은 다섯 살 차이입니다.	私と弟は5歳差です。	와타시토 오토우토와 고사이사데스
제일 위 형은 이미 결혼했습니다.	一番上の兄はもう結婚しています。	이치방 우에노 아니와 모우 켓콘시테이마스
나는 서울에서 혼자 살고 있습니다.	私はソウルで一人で住んでいます。	와타시와 소우루데 히토리데 슨데이마스 ;
	私はソウルで一人暮らしをしています。	와타시와 소우루데 히토리구라시오 시테이마스
저는 외동입니다.	私は一人っ子です。	와타시와 히토릿꼬데스
외아들입니다.	一人息子です。	히토리 무스코데스
형제도 자매도 없습니다.	兄弟はいません。	쿄우다이와 이마셍
전 외동이기 때문에 때때로 형제나 자매가 있는 사람이 부럽습니다.	私は一人っ子なので、たまに兄弟がいる人がうらやましいです。	와타시와 히토릿꼬나노데, 타마니 쿄우다이가 이루히토가 우라야마시이데스

❋❋ 부모님에 대해   両親(りょうしん)について   료우신니 츠이테

부모님은 건강하십니다.	両親(りょうしん)は健康(けんこう)です。 료우신와 켄코우데스
부모님과 함께 살고 있습니다.	両親(りょうしん)と一緒(いっしょ)に住(す)んでいます。 료우신토 잇쇼니 슨데이마스
부모님은 이혼하셨습니다.	両親(りょうしん)は離婚(りこん)しました。 료우신와 리콘시마시타
부모님은 별거하고 있습니다.	両親(りょうしん)は別居(べっきょ)しています。 료우신와 벳쿄시테이마스
부모님이 이혼하셔서, 지금 저는 어머니와 함께 살고 있습니다.	両親(りょうしん)が離婚(りこん)しているので、私(わたし)は今(いま)母(はは)と一緒(いっしょ)に住(す)んでいます。 료우신가 리콘시테이루노데, 와타시와 이마 하하토잇쇼니 슨데이마스
저는 부모님이 안 계십니다.	私(わたし)は両親(りょうしん)がいません。 와타시와 료우신가 이마셍
부모님은 내가 열 살 때 교통사고로 돌아가셨습니다.	両親(りょうしん)は私(わたし)が10歳(じゅっさい)の時(とき)、交通事故(こうつうじこ)でなくなりました。 료우신와 와타시가 줏사이노토키, 코우츠우지코데 나쿠나리마시타
나는 조부모님과 살고 있습니다.	私(わたし)は祖父母(そふぼ)と住(す)んでいます。 와타시와 소후보토 슨데이마스
조부모님께서 저를 돌봐 주고 계십니다.	祖父母(そふぼ)が私(わたし)の面倒(めんどう)を見(み)てくれます。 소후보가 와타시노 멘도우오 미테쿠레마스
할아버지는 벌써 85세이시지만, 아주 정정하십니다.	祖父(そふ)はもう８５歳(はちじゅうごさい)ですが、とても健康(けんこう)です。 조보와 모우 하치쥬우고사이데스가, 토테모 켄코우데스
당신 아버지는 무슨 일을 하세요?	お父(とう)さんのお仕事(しごと)は何(なん)ですか。 오토우상노 오시고토와 난데스카
아버지는 컴퓨터 회사에서 근무하고 계십니다.	父(ちち)はコンピュータ会社(かいしゃ)で働(はたら)いています。 치치와 콤퓨-타카이샤데 하타라이테이마스
아버지는 무역회사 부장님이십니다.	父(ちち)は貿易会社(ぼうえきかいしゃ)の部長(ぶちょう)です。 치치와 보우에키카이샤노 부쵸우데스
아버지는 자영업을 하십니다.	父(ちち)の仕事(しごと)は自営業(じえいぎょう)です。 치치노 시고토와 지에이교우데스
우리 집은 상점가에서 레스토랑을 경영하고 있습니다.	我(わ)が家(や)は商店街(しょうてんがい)でレストランを経営(けいえい)しています。 와가야와 쇼우텐가이데 레스토랑오 케에에이시테이마스
아버지는 일이 바빠서 매일 밤 11시경에 귀가하십니다.	父(ちち)は仕事(しごと)が忙(いそが)しくて、毎晩(まいばん)１１時(じゅういちじ)ごろ帰(かえ)ってきます。 치치와 시고토가 이소가시쿠테, 마이방 쥬우이치지고로 카엣테키마스
아버지는 일 때문에 혼자 서울에 가 계십니다.	父(ちち)は仕事(しごと)のために一人(ひとり)でソウルに行(い)っています。 치치와 시고토노타메니 히토리데 소우루니 잇테이마스

| 그는 매주 토요일에 내려오시고, 다시 일요일 밤에 서울로 올라가십니다. | 彼は毎週の土曜日に帰ってきて、また日曜日の夜ソウルに戻ります。 카레와 마이슈우노 도요우비니 카엣떼키테, 마타 니치요우비노 요루 소우루니 모도리마스 |

| 아버지는 작년에 직장을 그만두시고 케이크 가게를 시작하셨습니다. | 父は昨年仕事をやめて、ケーキ屋を始めました。 치치와 사쿠넨 시고토오 야메테, 케-키야오 하지메마시타 |

| 아버지는 굉장히 엄격하시지만, 동시에 저를 잘 이해해 주십니다. | 父はとても厳しいですが、同時に私をよく理解してくれます。 치치와 토테모 키비시이데스가, 도우지니 와타시오 요쿠 리카이시테쿠레마스 |

| 나는 아버지를 존경합니다. | 私は父を尊敬しています。 와타시와 치치오 손케이시테이마스 |

| 아버지는 집안의 기둥이십니다. | 父は我が家の大黒柱です。 치치와 와가야노 다이코쿠바시라데스 |

| 아버지는 제가 어릴 때 암으로 돌아가셨습니다. | 父は私が幼い時、ガンで亡くなりました。 치치가 와타시가 오사나이토키, 간데 나쿠나리마시타 |

| 어머니는 전업주부십니다. | 母は専業主婦です。 하하와 센교우슈후데스 |

| 어머니는 우리를 돌보시느라 매일 아주 바쁘십니다. | 母は私たちの面倒を見ることで毎日とても忙しいです。 하하와 와타시타치노 멘도우오미루코토데 마이니치 토테모 이소가시이데스 |

| 어머니는 일을 하십니다. | 母は仕事をしています。 하하와 시고토오 시테이마스 |

| 어머니는 식료품점에서 시간제로 일하고 계십니다. | 母は食料品店でパートタイムで働いています。 하하와 쇼쿠료우힌텐데 파-토타이무데 하타라이테이마스 |

| 어머니는 일주일에 나흘, 근처 슈퍼마켓에서 시간제로 일하십니다. | 母は一週間のうち4日、近くのスーパーでパートタイムで働いています。 하하와 잇슈우칸노우치 욧까, 치카쿠노스-파-데 파-토타이므데 하타라이테이마스 |

| 어머니는 근처 아이들에게 영어를 가르치시면서 가사 일을 하십니다. | 母は近所の子供達に英語を教えながら家事をしています。 하하와 킨죠노 코도모타치니 에이고오 오시에나가라 카지오 시테이마스 |

| 어머니는 고등학교에서 음악을 가르치십니다. | 母は高校で音楽を教えています。 하하와 코우코우데 옹가쿠오 오시에테이마스 |

| 어머니는 나이에 비해 젊어 보이십니다. | 母は年に比べると若くみえます。 하하와 토시니 쿠라베루토 와카쿠미에마스 |

| 어머니는 50살이시지만, 그 나이로는 보이지 않습니다. | 母は50歳ですが、その年には見えません。 하하와 고쥿사이데스가, 소노토시니와 미에마센 |

| 어머니는 요리를 아주 잘하십니다. | 母は料理がとても上手です。 하하와 료우리가 토테모 죠우즈데스 |

| 어머니는 미망인이십니다. | 母は未亡人です。 하하와 미보우진데스 |

❋ 형제, 자매에 대해 / 兄弟について 쿄우다이니츠이테

형은 대학에서 경제학을 전공하고 있습니다.	兄は大学で経済学を専攻しています。 아니와 다이가쿠데 케이자이가쿠오 센코우시테이마스
형은 대학을 졸업하고 공무원이 되었습니다.	兄は大学を卒業して公務員になりました。 아니와 다이가쿠오 소츠교우시테 코우무인니 나리마시타
형은 변호사가 되기 위해 필사적으로 공부하고 있습니다.	兄は弁護士になるために必死に勉強しています。 아니와 벤고시니나루타메니 힛시니 벤쿄우시테이마스
나에게 준이라는 이름의 동생이 있습니다.	私にはジュンという名前の弟がいます。 와타시니와 쥰토이우 나마에노 오토우토가 이마스
동생, 준은 고등학교 2학년입니다.	弟、ジュンは高校2年生です。 오토우토, 쥰와 코우코우 니넨세이데스
동생은 작년에 대학입시에 실패해서 재수를 하고 있습니다.	弟は昨年受験に失敗して浪人しています。 오토우토와 사쿠넨 쥬켄니 싯빠이시테 로우닌시테이마스
동생은 독서가입니다.	弟は読書家です。 오토우토와 독쇼카데스
그는 시간만 나면 소설을 읽습니다.	彼は時間ができるたび小説を読みます。 카레와 지칸가 데키루타비 쇼우세츠오 요미마스
그는 집에 돌아오면 곧바로 자기 방에 틀어박혀서 컴퓨터 게임을 합니다.	彼は家に帰ると、すぐ自分の部屋に引きこもってコンピュータゲームをします。 카레와 이에니 카에루토 스구 지분노헤야니 히키코못테 콘퓨-타게-무오 시마스
그는 프로 골퍼가 되고 싶다고 합니다.	彼はプロゴルファーになりたいと言っています。 카레와 프로고루화ー니 나리타이토 잇테이마스
동생이 아버지 회사를 물려받을 거라고 생각합니다.	弟が父の会社を引き継ぐと思います。 오토우토가 치치노 카이샤오 히키츠구토오모이마스
나와 동생은 항상 사소한 일로 싸웁니다.	私と弟はつまらないことで喧嘩します。 와타시토 오토우토와 츠마라나이코토데 켄카시마스
나는 동생과 아주 사이 좋게 지냅니다.	私は弟ととても仲がいいです。 와타시와 오토우토토 토테모 나카가이이데스
누나는 은행에서 일하고 있습니다.	姉は銀行で働いています。 아네와 긴코우데 하타라이테이마스
누나는 금년 6월에 결혼하기로 되어 있습니다.	姉は今年6月に結婚することになっています。 아네와 코토시 로쿠가츠니 켓콘스루코토니 낫떼이마스

누나는 결혼해서 광주에 살고 있습니다.	姉は結婚して広州に住んでいます。 아네와 켓꼰시테 광주니 슨데이마스
여동생은 디자이너 전문학교에 다니고 있습니다.	妹はデザイナー専門学校に通っています。 이모우토와 데자이나―센몬각코우니 카욧떼이마스
여동생과 나는 나이 차이가 꽤 많이 납니다.	妹と私は年の差がけっこうあります。 이모우토토 와타시와 토시노 사가 켓꼬우아리마스
그녀는 공립 초등학교 3학년입니다.	彼女は公立小学校の3年生です。 카노죠와 코우리츠쇼우각코우노 산넨세이데스
그녀는 스튜어디스가 되어 세계를 돌아다니고 싶다는 꿈을 가지고 있습니다.	彼女はスチュワーデスになって世界を巡りたいという夢を持っています。 카노죠와 스츄와―데스니 낫떼 세카이오 메구리타이토이우 유메오 못떼이마스

자녀에 대해 / お子さんについて 오꼬상니 츠이테

아이는 있습니까?	お子さんはいますか。 오꼬상와 이마스카
아이들이 몇 명이에요?	お子さんは何人ですか。 오꼬상와 난닝데스카
아들이 하나, 딸이 두 명 있습니다	息子が一人、娘が二人います。 므스코와 히토리, 므스메와 후타리이마스
자식은 없습니다.	子供はいません。 코도모와 이마셍
아들이 몇 살이에요?	息子さんはおいくつですか。 므스코상와 오이쿠츠데스카
6살된 남자 아이가 있어요.	6歳の男の子がいます。 록사이노오토코노코가 이마스
애들은 학교에 다니나요?	お子さんたちは学校に通っていますか。 오꼬상타치와 각코우니 카욧떼이마스카
아들은 초등학생이에요.	息子は小学生です。 므스코와 쇼우각세이데스
곧 아이가 태어나요.	もうすぐ子供が生まれます。 모우스구 코도모가 우마레마스
4월에 태어날 예정이에요.	4月に生まれる予定です。 시가츠니 우마레루요테이데스
아이는 언제 가질 예정이죠?	お子さんのご予定は？ 오꼬상노고요테이와?

단 어

…보다 : …より 요리
…이 되다 : …になる 니 나루
가장 나이 많은 : 一番年上の 이치방 토시우에노
가장 나이 어린 : 一番年下の 이치방 토시시타노
가족 : 家族 카조쿠
결혼한 : 結婚していた 켓콘시테이타
고등학교 : 高校 코우코우
공립학교 : 公立学校 코우리츠각코우
대학교 : 大学 다이가쿠
더 나이 많은 : もっと年上の 못또 토시우에노
더 나이 어린 : もっと年下の 못또 토시시타노
독신 : 独身 도쿠신
둘째 : 二番目 니밤메
딸 : 娘 무스코
물려받다 : 譲り受ける 유즈리우케루
미망인 : 未亡人 미보우진
부모 : 両親 료우신
사이 : 間 아이다
사이좋게 지내다 : 仲良く過ごす 나카요쿠 스고스
세 : 歳 사이
셋째 : 三番目 삼밤메
소개하다 : 紹介する 쇼우카이스루

소녀 : 少女 쇼우죠
소년 : 少年 쇼우넨
아들 : 息子 무스코
아버지 : 父、お父さん 치치, 오토우상
아이 : 子供 코도모
아이들 : 子供たち 코도모타치
약혼한 : 婚約した 콘야쿠시타
어머니 : 母、お母さん 하하, 오카아상
외동 : 一人っ子 히토릿꼬
이혼한 : 離婚した 리콘시타
자매 : 姉妹 시마이
전문학교 : 専門学校 센몬각코우
조부모 : 祖父母 소후보
중학교 : 中学校 츄우각코우
차이 : 差 사
첫째 : 一番目 이치밤메
초등학교 : 小学校 쇼우각코우
할머니 : おばあさん 祖母 오바아상, 소후
할아버지 : おじいさん 祖父 오지이상, 소보
형제 : 兄弟 쿄우다이
혼자 살다 : 一人で暮らす 히토리데 쿠라스
회사 : 会社 카이샤

PART
6

사람들과 사귀다

人と付き合う
히토토 츠카아우

01 약속하다
約束する
야쿠소쿠스루

※ 시간이 있는지 묻다　時間があるか聞く　지칸가아루카키쿠

이번 주말 한가해요?	今週末暇ですか。	콘슈우마츠 히마데스카
오늘 오후에 한가해요?	今日の午後暇ですか。	쿄우노고고 히마데스카
업무 끝나고 한가해요?	仕事終わってから暇ですか。	시고토 오왓떼카라 히마데스카
시간 좀 있어요?	ちょっと時間ありますか。	춋또 지칸 아리마스카
몇 시부터 시간 있어요?	何時から時間ありますか。	난지카라 지칸 아리마스카
몇 시까지 시간이 있어요?	何時まで時間がありますか。	난지마데 지칸가 아리마스카
이번 토요일에는 스케줄이 비어 있나요?	今週の土曜日はスケジュールが空いてますか。	콘슈우노도요우비와 스케쥬-르가 아이테마스카
저를 위해 내주 토요일 저녁을 비워 주시지 않겠습니까?	私のために来週の土曜日の夕方を空けておいてくださいませんか。	와타시노타메니 라이슈우노도요우비노 유우가타오 아케테오이테쿠다사이마센카
내일 뭔가 계획이 있나요?	明日なんか用事がありますか。	아시타 난카 요우지가 아리마스카
내일 만날까요?	明日会いましょうか。	아시타 아이마쇼우카
내일 바빠요?	明日、忙しいですか。	아시타, 이소가시이데스카

※ 식당·커피숍 등에 가자고 청하다　食堂·喫茶店などに行こうと誘う
쇼쿠도우, 킷사텐 나도니 이코우토 사소우

점심이나 먹으러 가죠.	昼ごはんでも食べに行きましょう。	히루고항데모 타베니 이키마쇼우
커피라도 한 잔?	コーヒーでも一杯どう？	코-히-데모 잇빠이 도우?
함께 저녁 식사라도 하면?	夕食でも一緒にすれば？	유우쇼쿠데모 잇쇼니 스레바?
오늘 저녁, 한잔 마시러 가죠.	今晩、一杯飲みに行きましょう。	콘방, 잇빠이 노미니 이키마쇼우
함께 가지 않을래요?	一緒に行きませんか。	잇쇼니 이키마센카

기분 전환할 겸 맥주라도 마시면 어떻겠어요?	気分転換を兼ねてビールでも飲んだらどうですか。	기분텐칸오 카네테 비-루데모 논다라 도우데스카
함께하죠?	一緒にしますよね。	잇쇼니 시마스요네
조만간 모이죠?	そのうち会いますよね。	소노우치 아이마스요네
노래방에 가서 놀아요.	カラオケに行って遊びましょう。	카라오케니 잇떼 아소비마쇼우

집으로 초대하다　家に招待する　이에니 쇼우타이스루

집에 오지 않을래?	家に来てくれない？	이에니 키테쿠레나이
꼭 우리 집에 와 주세요.	必ず我が家に来てください。	카나라즈 와가야니 키테쿠다사이
네가 와 줬으면 해.	あなたが来てほしい。	아나타가 키테호시이
이번 토요일, 당신을 저녁 식사에 초대하고 싶습니다만.	今週の土曜日、あなたを夕食に招待したいですが、	콘슈우노도요우비, 아나타오 유우쇼쿠니 쇼우타이시타이데스가
선약이 없으시면 꼭 저희 집에 와 주세요.	先約がなければぜひ我が家に来てください。	센야쿠가 나케레바 제히 와가야니 키테쿠다사이
오늘 저녁 제 집에 오시겠습니까?	今晩私の家にいらっしゃいますか。	콘방 와타시노이에니 이랏샤이마스카
토요일 밤 저녁 모임에 와 주시면 기쁘겠습니다.	土曜日の夜、集まりに来てくだされば嬉しいです。	도요우비노요루, 아츠마리니 키테쿠다사레바 우레시이데스

파티에 초대하다　パーティーに招待する　파-티-니 쇼우타이스루

내주 토요일에 조그만 파티를 열려고 합니다.	来週の土曜日に小さなパーティーを開こうと思います。	라이슈우노도요우비니 치이사나파-티-오 히라코우토오모이마스
친구의 한 사람으로서 제 생일 파티에 초대하고 싶은데요.	友達の一人として私の誕生日パーティーに招待したいんですが。	토모다치노이치인토시테 와타시노탄죠우비파-티-니 쇼우타이시타인데스가
제 조그만 파티에 와 주시겠습니까?	私のちょっとしたパーティーに来てくださいますか。	와타시노 춋또시타 파-티-니 키테쿠다사이마스카
파티에 참가해 주시면 기쁘게 생각하겠습니다.	パーティーに参加してくだされば嬉しく思います。	파-티-니 산카시테쿠다사레바 우레시쿠 오모이마스

기다리고 있겠습니다.	お待ちしております。	오마치시테오리마스
내주 토요일 제 파티에 당신이 참석하시기를 기대하겠습니다.	来週の土曜日、私のパーティーにあなたが参加することを楽しみにしています。	라이슈우노도요우비, 와타시노파-티-니 아나타가 산카스루코토오 타노시미니시테이마스
꼭 와 주세요.	必ず来てください。	카나라즈 키테쿠다사이
그 날, 달리 예정이 없으시다면 꼭 와 주세요.	その日、他の用事がなければぜひ来てください。	소노히, 호카노요우지가 나케레바 제히키테쿠다사이
와 주시면 대단히 기쁘겠습니다.	来てくだされればすごく嬉しいです。	키테쿠다사레바 스고쿠 우레시이데스
어떻게든 짬을 내서 참석해 주세요.	どうか時間を作って参加してください。	도우카 지칸오 츠쿳떼산카시테쿠다사이
만약 오시기 어렵다면 알려 주세요.	もしいらっしゃることができなければお知らせください。	모시 이랏샤루코토가데키나케레바 오시라세쿠다사이
정말 오실 수 있어요?	本当に来られますか。	혼토우니코라레마스카
부인과 함께 오세요.	奥さんと一緒に来てください。	옥상토잇쇼니 키테쿠다사이
여동생 데려 오는 거 잊지 마세요.	妹を連れてくるのを忘れないでください。	이모우토오 츠레테쿠루노오 와스레나이데쿠다사이

✱✱ 초대를 받아들이다　招待を受ける　쇼우타이오우케루

네, 한가해요.	はい、暇です。	하이, 히마데스
불러 줘서 기뻐.	呼んでくれて嬉しい。	욘데쿠레테우레시이
물론 가야지.	もちろん行くよ。	모치론이쿠요
당연히 가야지.	当然行く。	토우젠이쿠
그거 좋은데.	それいいね。	소레이이네
그렇게 하죠.	そうします。	소우시마스
저도 껴 줘요.	私も入れてください。	와타시모이레테쿠다사이
재미있겠네요.	面白そうですね。	오모시로소우데스네
불러 주셔서 고마워요.	呼んでくださってありがとうございます。	욘데쿠다삿떼 아리가토우고자이마스

초대해 주셔서 정말 감사합니다.	招待してくださって本当にありがとうございます。 쇼우타이시테쿠다삿떼 혼토우니 아리가토우고자이마스
기꺼이 가겠습니다.	喜んで行きます。 요로콘데 이키마스
기꺼이 만나겠습니다.	喜んで会います。 요로콘데 아이마스
분명히 갈 수 있을 겁니다.	ちゃんと行けると思います。 찬토이케루토오모이마스
초대 기꺼이 받아들이겠습니다.	招待、喜んでお受けします。 쇼우타이, 요로콘데 오우케시마스

✱✱ 초대를 거절하다　招待を断る 쇼우타이오 코토와루

지금 좀 바쁜데.	今ちょっと忙しい。 이마 춋또 이소가시이
지금 시간이 없는데요.	今時間がないんですが。 이마 지칸가 나인데스가
죄송하지만 안 되겠네요.	すみませんが、ちょっと無理ですね。 스미마센가, 춋또 무리데스네
참가할 수 있으면 좋으련만.	参加できればいいと思いますが。 산카데키레바 이이토오모이마스가
그 날은 시간이 날지 어떨지 모르겠습니다.	その日は時間ができるかどうか分かりません。 소노히와 지칸가 데키루카도우카 와카리마센
다른 예정이 있어서요.	他の用事があるので。 호카노요우지가 아루노데
오늘 누가 오기로 되어 있어요.	今日、人が来ることになっています。 쿄우, 히토가 쿠루코토니낫떼이마스
유감스럽지만 선약이 있습니다.	残念ですが、先約があります。 잔넨데스가, 센야쿠가 아리마스
그 날 오후에는 의사와 약속이 되어 있습니다.	その日の午後はお医者さんとの約束が入っています。 소노히노고고와 오이샤상토노 약소쿠가 하잇떼이마스
죄송하지만 갈 수 없을 것 같습니다.	すみませんが、行けないと思います。 스미마센가, 이케나이토오모이마스
이번은 빼 주세요.	今回ははずしてください。 콘카이와 하즈시테쿠다사이
다음 기회에 하죠.	今度にしましょう。 콘도니 시마쇼우
다음 번으로 해도 되겠어요?	今度にしてもいいですか。 콘도니 시테모이이데스카
다음 기회에 초대해 주세요.	今度招待してください。 콘도 쇼우타이시테쿠다사이
그러고 싶지만, 다른 약속이 있어요.	そうしたいですが、他の約束があります。 소우시타이데스가, 호카노약소쿠가 아리마스

Part 6 사람들과 사귀다

133

약속하다

❊❊ 초대를 바라다 招待を願う 쇼우타이오 네가우

너희 집에 가도 좋아?	あなたの家に行ってもいい？ 아나타노이에니 잇떼모이이?
오늘 오후에 댁에 찾아가도 될까요?	今日の午後お宅を訪ねてもいいですか。 쿄우노고고 오타쿠오타즈네테모이이데스카
오늘 저녁에 당신 집에 들러도 괜찮을까요?	今晩あなたの家に寄ってもよろしいでしょうか。 콘방 아나타노이에니 욧떼모 요로시이데쇼우카
당신 집에 들르면 폐가 될까요?	あなたの家に寄ったら迷惑になるでしょうか。 아나타노이에니 욧따라 메이와쿠니나루데쇼우카

❊❊ 약속 시간을 정하다 約束の時間を決める 약소쿠노 지칸오 키메루

언제 만날까?	いつ会おうか。 이츠 아오우카
언제 만날 수 있을까?	いつ会えるか。 이츠 아에루카
언제가 한가해요?	いつが暇ですか。 이츠가 히마데스카
언제가 좋겠어요?	いつがいいですか。 이츠가 이이데스카
몇 시에 가면 좋을까요?	何時に行けばいいですか。 난지니 이케바 이이데스카
언제쯤 가면 좋을까요?	いつ頃行けばいいですか。 이츠고로 이케바 이이데스카
그곳에는 몇 시에 가면 됩니까?	そこには何時に行けばいいですか。 소코니와 난지니 이케바 이이데스카
몇 시에 만날 수 있습니까?	何時に会えますか。 난지니 아에마스카
언제가 시간이 좋으세요?	いつが時間がいいですか。 이츠가 지칸가 이이데스카
오늘 오후 어때요?	今日の午後どうですか。 쿄우노고고 도우데스카
5시에 시간이 날 거야.	5時ごろ時間が作れそうだ。 고지고로 지칸가 츠쿠레소우다
5시경에 기다리겠습니다.	5時ごろお待ちしております。 고지고로 오마치시테오리마스
5시는 괜찮은가요?	5時はいいですか。 고지와 이이데스카
토요일 5시는 형편이 어떠세요?	土曜日の5時は都合がいかがですか。 도요우비노고지와 츠고우가 이카가데스카

5시경에는 가겠습니다.	5時頃には行きます。	고지고로니와 이키마스
5시 30분까지는 가겠습니다.	5時30分までに行きます。	고지 산줏뿐마데니 이키마스
가능한 한 빨리 와 주십시오.	出来る限り早く来てください。	데키루카기리 하야쿠 키테쿠다사이
가능한 빨리 만나고 싶어요.	出来る限り早く会いたいです。	데키루카기리 하야쿠 아이타이데스
별일 없어요.	何もありません。	나니모 아리마센
당신 좋을 대로 하세요.	あなたの好きなようにしてください。 아나타노 스키나요우니시테쿠다사이	
언제든 좋아요.	いつでもいいです。	이츠데모 이이데스
당신 시간 있을 때요.	あなたの時間がある時です。	아나타노지칸가 아루토키데스
화요일만 빼고 언제든지요.	火曜日さえ除けばいつでもです。	카요우비사에 노조케바이츠데모데스
다음 주는 바빠요.	来週は忙しいです。	라이슈우와 이소가시이데스
그날은 안 되는데요.	その日はちょっと無理ですが。	소노히와 춋또 무리데스가
스케줄을 확인해 볼게요.	スケジュールを確認してみます。	스케쥬ー르오 카쿠닌시테 미마스
만일 늦으면 핸드폰으로 전화할게.	もし遅くなったら携帯の方に電話するよ。 모시 오소쿠낫따라 케에타이노호우니 덴와스루요	
늦지 마.	遅れないで。	오쿠레나이데

✱✱✱ 약속 장소를 정하다　約束の場所を決める　약소쿠노바쇼오 키메루

어디에서 만날까?	どこで会おうか。	도코데 아오우카
어디서 만나야 해?	どこで会うべき？	도코데 아우베키?
어디가 제일 편해요?	どこが一番便利ですか。	도코가 이치방 벤리데스카
만나기에 어디가 좋아?	どこで会うのがいい？	도코데 아우노가이이
당신 회사 가까운 곳에서 만나요.	あなたの会社の近くで会いましょう。 아나타노카이샤노 치카쿠데 아이마쇼우	
당신 회사 건물 밖에서 일곱 시에 기다릴게요.	あなたの会社の建物の前で7時ごろ待っています。 아나타노카이샤노타테모노노 마에데 시치지고로 맛떼이마스	
역 앞 커피숍에서 만나요.	駅前の喫茶店で会いましょう。	에키마에노 킷사텐데 아이마쇼우

네가 어디에서 만날지 정해.	どこで会うかあなたが決めて。 도코데 아우카아나타가 키메테
네가 장소를 정해.	あなたが場所を決めて。 아나타가 바쇼오 키메테
좋아, 너만 좋다면.	いいよ、あなたがいいなら。 이이요, 아나타가 이이나라
레스토랑 약도를 팩스로 보낼게.	レストランの地図をファックスで送る。 레스토랑노치즈오 확쿠스데 오쿠루
큰 건물이니까 찾기 쉬울 거야.	大きい建物だから見つけやすいと思う。 오오키이 타테모노다카라 미츠케야스이토오모우
근처에 좋은 커피숍이 있어요.	近くにいい喫茶店があります。 치카쿠니 이이킷사텐가 아리마스
진짜 멋있는 곳을 알고 있어요.	本当に素敵なところを知っています。 혼토우니 스테키나 토코로오 싯떼이마스

단 어

- 계획 : 計画 케이카쿠
- 망년회 : 忘年会 보우넨카이
- 모이다 : 集まる 아츠마루
- 모임 : 集まり 아츠마리
- 바쁘다 : 忙しい 이소가시이
- 선약 : 先約 센야쿠
- 송별회 : 送別会 소우베츠카이
- 스케줄을 다시 짜다 : スケジュールを再びたてる 스케쥬―르오 후타타비 타테루
- 스케줄이 꽉찼다 : スケジュールがいっぱいだ 스케쥬―르가 잇빠이다
- 시간을 낼 수 있다 : 時間が作れる 지칸가 츠쿠레루
- 시간이 있다 : 時間がある 지칸가 아루
- 신년회 : 新年会 신넨카이
- 연기하다 : 延期する 엔키스루

- 예정 : 予定 요테이
- 저녁식사 : 夕食 유우쇼쿠
- 조절 : 調整 쵸우세이
- 조절하다 : 調整する 쵸우세이스루
- 초대 : 招待 쇼우타이
- 초대하다 : 招待する 쇼우타이스루
- 취소하다 : 取り消す、キャンセルする 토리케스, 칸세루스루
- 틈, 여가 : 暇 히마
- 파티 : パーティー 파―티―
- 함께하다 : 一緒にする 잇쇼니스루
- 형편이 안 좋다 : 都合が悪い 츠고우가 와루이
- 형편이 좋다 : 都合がいい 츠고우가이이
- 환영회 : 歓迎会 칸게이카이

02 방문하다
訪問する 호우몬스루

❊❊ 손님을 맞이하다　お客さんを迎える 오캬쿠상오 무카에루

안녕하세요. 어서 들어오세요.	こんにちは。どうぞお入りください。 콘니치와. 도우조 오하이리쿠다사이
우리 집에 잘 오셨어요!	我が家にようこそ！ 와가야니 요우코소
오셔서 기뻐요.	いらっしゃってくれて嬉しいです。 이랏샤떼쿠레테 우레시이데스
잘 왔어.	ようこそ。 요우코소
집 찾기는 쉬우셨나요?	家は見つけやすかったんですか。 이에와 미츠케야스캇딴데스카
앉으세요.	どうぞお座りください。 도우조 오스와리쿠다사이
이쪽에 앉으세요.	こちらにどうぞ。 코치라에 도우조
이쪽에 앉으시겠어요?	こちらにお座りください。 코치라니 오스와리쿠다사이
편하게 계세요.	楽にしてください。 라쿠니시테쿠다사이
코트를 벗으시겠어요?	コートは？ 코-토와?
윗도리는 여기 거세요.	上着はここにかけてください。 우와기와 코코니 카케테 쿠다사이
자기 집처럼 생각하세요.	自分の家だと思ってくつろいでください。 지분노이에다토 오못떼쿠츠로이데 쿠다사이
뭐 필요한 게 있으시면 주저 마시고 말씀하세요.	何か必要なものがございましたら、遠慮なく言ってください。 나니카 히츠요우나모노가 고자이마시타라, 엔료나쿠 잇떼쿠다사이

❊❊ 방문하다　訪問する 호우몬스루

작은 선물이에요.	つまらないものですが。 츠마라나이모노데스가
선물을 가져왔어요.	プレゼント持ってきました。 프레젠토 못떼키마시타
마음에 들어하시니 기뻐요.	気に入ってくださって嬉しいです。 키니잇떼 쿠다삿떼 우레시이데스
좋은 집에서 사시네요.	いい家に住んでいますね。 이이이에니 슨데이마스네

방을 아름답게 꾸미셨네요.	部屋のインテリアが素敵ですね。	헤야노 인테리아가 스테키데스네
가족사진이 많으시군요.	家族写真が多いですね。	카조쿠샤신가 오오이데스네
이 사진은 어디에서 찍으신 거예요?	この写真はどこで撮りましたか。 코노샤신와 도코데 토리마시타카	
사진에 찍힌 이 사람은 누구예요?	写真の中のこの人はどなたですか。 샤신노나카노 코노히토와 도나타데스카	

✿ 손님을 접대하다　　お客さんをもてなす　오캬쿠상오 모테나스

뭐 좀 마시겠어요?	なんか飲みますか。	난카 노미마스카
뭐 마실 것 좀 갖다 드릴까요?	なんか飲み物を持ってきましょうか。 난카 노미모노오 못떼키마쇼우카	
맥주 한 잔 더 줄까요?	ビール一杯いかがですか。	비-루 잇빠이 이카가데스카
저녁 식사 하세요.	夕食しなさい。	유우쇼쿠시나사이
이것은 전형적인 한국 가정요리예요.	これは典型的な韓国の家庭料理です。 코레와 텐케이테키나 칸코쿠노 카테이료우리데스	
맛있어 보이네요.	おいしく見えますね。	오이시쿠 미에마스네
전부 맛있어요.	全部おいしいです。	젠부 오이시이데스
좀 더 드시겠어요?	もっといかがでしょうか。	못또 이카가데쇼우카
이렇게 먹는 거예요.	こんなふうに食べます。	콘나후우니 타베마스
한국 음식을 좋아하세요?	韓国料理が好きですか。	칸코쿠료우리가 스키데스카
먹을 수 없는 게 있나요?	食べられないものはありますか。	타베라레나이모노와 아리마스카
만드는 법을 보여 드릴게요.	レシピをお見せします。	레시피오 오미세시마스
요리법을 적어 드릴게요.	料理法を書いて、差し上げます。 료우리호우오 카이테 사시아게마스	
많이 드셨어요?	たくさん召し上がりましたか。	탁상 메시아가리마시타카
많이 먹었습니다.	たくさん食べました。	탁상 타베마시타
충분히 먹었어요.	十分食べました。	쥬우분 타베마시타
후식 드실래요?	デザート召し上がりますか。	데자-토 메시아가리마스카

훌륭한 저녁 식사였어요.	素敵な夕食でした。	스테키나 유우쇼쿠데시타
매우 맛있는 저녁 식사였어요.	とてもおいしい夕食でした。	토테모 오이시이 유우쇼쿠데스타

❋❋ 돌아가겠다고 말하다　帰ると言う 카에루토이우

저런, 많이 늦었네요.	あら、けっこう遅くなりましたね。	아라, 켓코우 오소쿠나리마시타네
벌써 시간이 이렇게 됐나요?	もうこんな時間ですか。	모우콘나 지칸데스카
시간이 됐군요.	時間になりましたね。	지칸니 나리마시타네
갈 시간이네요.	帰る時間ですね。	카에루 지칸데스네
식사하고 곧바로 가는 건 싫습니다만.	食事してすぐ帰るのはいやですが、	쇼쿠지시테 스구 카에루노와 이야데스가
더 머무르고 싶지만.	もっといたいですが、	못또 이타이데스가
오래 눌러앉아 미움받고 싶지 않은데요.	長居してご迷惑をおかけしたくないので	나가이시테 고메이와쿠오 오카케시타쿠나이노데
유감스럽게도 이제 가 봐야겠어요.	残念ですが、もう帰ります。	잔넨데스가, 모우카에리마스
이제 가 봐야겠어요.	もう帰ります。	모우 카에리마스
슬슬 가야겠는데요.	そろそろ帰ります。	소로소로 카에리마스
가야겠어요.	帰ります。	카에리마스
지금 가야겠네요.	今帰りますね。	이마 카에리마스네
가야 하신다니 아쉽네요.	帰るなんて名残惜しいですね。	카에루난테 나고리오시이데스네

❋❋ 작별 인사　別れの挨拶 와카레노아이사츠

당신과 이야기하면서 즐거웠어요.	あなたと話せて楽しかったです。	아나타토 하나세테 타노시캇타데스
불러 주셔서 감사했습니다.	呼んでくださってありがとうございました。	욘데쿠다삿테 아리가토우고자이마시타
초대해 주셔서 감사했습니다.	招待してくださってありがとうございました。	쇼우타이시테쿠다삿테 아리가토우고자이마시타

멋진 밤 고마웠습니다.	素敵な夜、ありがとうございました。	스테키나 요루, 아리가토우고자이마시타
친절한 대접 감사드립니다.	親切なもてなしありがとうございました。	신세츠나 모테나시 아리가토우고자이마시타
너무 즐거웠어요.	とても楽しかったです。	토테모 타노시캇따데스
멋진 시간 보냈습니다.	いい時間を過ごしました。	이이지칸오 스고시마시타
오늘은 아주 멋진 저녁이었습니다.	今日はとてもいい夕食でした。	쿄우와 토테모 이이유우쇼쿠데시타
다음번엔 꼭 저희 집에 와 주세요.	今度は必ず我が家に来てください。	콘도와 카나라즈 와가야니 키테쿠다사이
저희가 기쁘죠.	こちらこそ嬉しいです。	코치라코소 우레시이데스
와 주셔서 감사했습니다.	来てくださってありがとうございました。	키테쿠다삿떼 아리가토우고자이마시타
와 주어서 기뻐.	来てくれて嬉しかった。	키테쿠레테 우레시캇따
들러 주셔서 감사합니다.	寄ってくださってありがとうございます。	욧떼쿠다삿떼 아리가토우고자이마스
조만간 또 오세요.	近いうちにまた来てください。	치카이우치니 마타 키테쿠다사이
언제라도 와 주세요.	いつでも来てください。	이츠데모 키테쿠다사이
조만간 또 봐요.	近いうちにまた会いましょう。	치카이우치니 마타 아이마쇼우
잊으신 물건 없으세요?	お忘れ物ありませんか。	오와스레모노 아리마셍카

단어

- 기쁘다 : 嬉しい 우레시이
- 늦다 : 遅い 오소이
- 들르다 : 寄る 요루
- 맛있다 : おいしい 오이시이
- 멋지다 : 素敵だ 스테키다
- 선물 : プレゼント 프레젠토
- 요리 : 料理 료우리
- 요리법 : レシピ 레시피
- 음료 : 飲み物 노미모노
- 음식 : 食べ物 타베모노
- 집 : 家 이에
- 찾다 : 探す 사가스
- 친절 : 親切 신세츠
- 편하다 : 安らかだ 야스라카다
- 환영하다 : 歓迎する 칸게이스루
- 후식 : デザート 데자-토

03 위로하다
慰める 나구사메루

※ 병 문안하다
お見舞いする 오미마이스루

건강하시기 바랍니다.	お大事に。 오다이지니
어떠십니까?	いかがですか。 이카가데스카
요즈음은 어떻게 지내십니까?	最近はどうお過ごしですか。 사이킨와 도우 오스고시데스카
최근에는 어떠십니까?	最近はどうですか。 사이킨와 도우데스카
요즘 컨디션은 어떠십니까?	最近のコンディションはどうですか。 사이킨노 콘디숀와 도우데스카
감기에 걸렸다면서요.	風邪を引いたと聞きましたが。 카제오히이타토 키키마시타가
아프시다니 안됐습니다.	調子が悪いそうで、お気の毒です。 쵸우시가 와루이소우데, 오키노도쿠데스
병에 걸리셨다는 말을 듣고 놀랐습니다.	病気になったと聞いてびっくりしました。 뵤우키니낫따토 키이테 빗꾸리시마시타
아파서 누우셨다니 안됐군요.	調子が悪くて寝込んでいるそうで、お気の毒です。 쵸우시가 와루쿠테 네콘데이루소우데, 오키노도쿠데스
갑작스러운 병환 소식을 듣고 대단히 걱정되더군요.	突然のご病気の知らせを聞いて非常に心配しています。 토츠젠노고뵤우키노시라세오 키이테 히죠우니 심파이시테이마스
중한 병이 아니기를 진심으로 바랍니다.	重い病気でないことを心から願っています。 오모이뵤우키데나이코토오 코코로카라 네갓떼이마스
부디 건강 조심하십시오.	どうかお大事になさってください。 도우카 오다이지니 나삿떼쿠다사이

※ 입원한 사람을 병 문안하다
入院した人にお見舞いする 뉴우인시타 히토니 오미마이스루

| 당신이 입원하셨다는 말을 들으니 너무 안됐군요. | あなたが入院なさったと聞いてとてもお気の毒に思っています。 아나타가 뉴우인나삿따토 키이테 토테모 오키노도쿠니오못떼이마스 |
| 위궤양으로 입원하셨다고 듣고 깜짝 놀랐습니다. | 胃潰瘍で入院なさったと聞いてとてもびっくりしました。 이카이요우데 뉴우인나삿따토 키이테 토테모 빗꾸리시마시타 |

당신 어머님께서 위궤양으로 수술을 받으셨다고 듣고 깜짝 놀랐습니다.	あなたのお母様が胃潰瘍で手術なさったと聞いてとてもびっくりしました. 아나타노 오카아사마가 이카이요우데 슈쥬츠나삿따토 카이테 토테모 빗꾸리시마시타
아버님께서 심장 수술을 받으셨다니 정말 안됐습니다.	お父様が心臓の手術をなさったそうで、本当にお気の毒です. 오토우사마가 신조우노슈쥬츠오나삿따소우데, 혼토우니 오키노도쿠데스
하루라도 빨리 퇴원하시기를 바랍니다.	1日も早く退院できるよう祈っています. 이치니치모 하야쿠 타이인데키루요우 이놋떼이마스
병환은 어떠십니까?	ご病気の方はいかがですか. 고뵤우키노호우와 이카가데스카
부모님으로부터 당신이 야구시합 때 부상당했다는 소식을 들었습니다.	ご両親からあなたが野球の試合の時に怪我をしたと聞きました. 교료우신카라 아나타가 야큐우노시아이노토키니 케가오시타토 키키마시타
부상 정도가 대단치 않으셔야 할 텐데요.	怪我の程度がひどくなければいいんですが. 케가노테이도가 히도쿠나케레바이인데스가
교통사고로 양다리에 골절상을 입으셨다는 말을 듣고 걱정했습니다.	交通事故で両足を骨折したと聞いて心配しました. 코우츠우지코데 료우아시오 콧세츠시타토키이테 심파이시마시타
여행지에서 사고를 당하셨다니 너무 안되셨습니다.	旅行先で事故に遭ったそうで、とてもお気の毒です. 료코우사키데 지코니 앗따소우데 토테모 오키노도쿠데스

❋❋❋ 완쾌를 빌다
全快を祈る 젠카이오 이노루

빨리 좋아지시기 바랍니다.	早く良くなるように祈っています. 하야쿠 요쿠나루요우니 이놋떼이마스
부디 몸조리 잘하셔서 빨리 회복하시기 바랍니다.	どうかお体を大切になさって、早く回復するよう祈っています. 도우카 오카라다오 타이세츠니 나삿떼 하야쿠 카이후쿠스루요우 이놋떼이마스
빨리 건강 회복하시기 바랍니다.	早く健康が回復するよう祈っています. 하야쿠 켄코우가 카이후쿠스루요우 이놋떼이마스
빠르게 좋아지고 있다고 들으니 기쁘군요.	早く良くなっていると聞いて嬉しいですね. 하야쿠 요쿠낫떼이루토카이테 우레시이데스네
당신이 드디어 좋아지고 계신다고 하니 안심했습니다.	あなたがやっと良くなってきていると聞いて安心しました. 아나타가 얏또 요쿠낫떼키테이루토카이테 안신시마시타

2,3일 내로 퇴원하신다니 안심했습니다.	2、3日中に退院なさるそうで、安心しました。	
	に、さんにちじゅうに たいいん あんしん	
	니, 산니치쥬우니 타이인나사루소우데, 안신시마시타	

❋❋ 병 문안에 대해 감사하다　お見舞いに感謝する　오미마이니 칸샤스루

친절한 위문 정말 감사드립니다.	ご親切な慰問、本当にありがとうございました。	
	고신세츠나이몬, 혼토우니 아리가토우고자이마시타	
덕분에 가족 모두 잘 지내고 있습니다.	おかげで家族みんな元気に過ごしています。	
	오카게데 카조쿠민나 겐키니 스고시테이마스	
덕분에 저는 매일 건강하게 지내고 있습니다.	おかげで私達は毎日健康に過ごしています。	
	오카게데 와타시타치와 마이니치 켄코우니 스고시테이마스	
제 쪽은 아주 건강합니다.	私の方はとても健康です。	
	와타시노호우와 토테모 켄코우데스	
다행히도 제 상처는 심하지 않습니다.	幸いなことに、私の傷はひどくありませんでした。	
	사이와이나코토니 와타시노 키즈와 히도쿠아리마센데시타	

❋❋ 병 회복을 알리다　病気の回復を知らせる　뵤우키노 카이후쿠오 시라세루

기쁘게도 저는 순조롭게 회복하고 있습니다.	幸いなことに、私は順調に回復しています。
	사이와이나코토니, 와타시 쥰쵸우니 카이후쿠시테이마스
의사 선생님 말로는 금방 좋아진다는군요.	お医者さんの話では、すぐによくなるそうですよ。
	오이샤상노하나시데와 스구니 요쿠나루소우데스요
의사 선생님 말씀으로는 앞으로 1주일이면 일어날 수 있다고 합니다.	お医者さんのお話ではこれから1週間ぐらいで立てるそうです。
	오이샤상노하나시데와 코레카라잇슈우칸구라이데 타테루소우데스
의사 선생님은 제가 수술 후 순조롭게 회복되고 있다고 하십니다.	お医者さんは私が手術後順調に回復しているとおっしゃいます。
	오이야상와 와타시가 슈쥬츠고 쥰쵸우니 카이후쿠시테이루톳샤이마스
가능한 한 빨리 학교로 돌아가고 싶습니다.	出来る限り早く学校に戻りたいです。
	데키루카기리 하야쿠 각코우니 모도리타이데스

퇴원을 알리다 / 退院を知らせる 타이인오 시라세루

저는 앞으로 열흘 정도면 퇴원합니다.
私はこれから１０日間程度で退院します。
와타시와 코레카라 토오카칸테이도데 타이인시마스

병원에 2,3주간 갇혀 있는 건 너무 따분한 일이지만, 그러나 이것도 모두 제 책임이니까요.
病院に２，３週間閉じ込められているのはとても退屈ですが、しかしこれも全て私の責任ですから。
뵤우인니 니산슈우칸 토지코메라레테이루노와 토테모 타이쿠츠데스가, 시카시 코레모 스베테 와타시노 세키닌데스카라

저는 벌써 다 나았습니다.
私はもうよくなりました。 와타시와 모우요쿠나리마시타

폐렴도 완전히 완쾌되어 이미 학교에 다니고 있습니다.
肺炎も完全に全快してもう学校に通っています。
하이엔모 칸젠니 젠카이시테 모우 각코우니 카욧떼이마스

제가 입원했을 때 예쁜 꽃을 갖다 주셔서 정말 감사했습니다.
私が入院していた時、きれいな花を持ってきてくださって本当にありがとうございました。
와타시가 뉴우인시테이타토키, 키레이나하나오 못떼키테쿠다삿떼 혼토우니아리가토우고자이마시타

재미있는 책을 갖다 주신 덕분에 입원 생활을 조금도 지루하지 않게 보냈습니다.
おもしろい本を持ってきてくださったおかげで、入院生活が少しも退屈することなく過ごすことができました。
오모시로이홍오 못떼키테쿠다삿다오카게데, 뉴우인세이카츠가 스코시모 타이쿠츠스루코토나쿠 스고스코토가 데키마시타

재해를 위로하다 / 災害を慰労する 사이가이오 이로우스루

당신 나라에 무서운 지진이 있었다고 듣고 너무 놀랐습니다.
あなたの国で怖い地震があったと聞いてとても驚きました。 아나타노 쿠니데 코와이지신가 앗따토키이테 도테모 오도로키마시타

오늘 신문으로 당신이 사시는 지방에 대규모 지진이 있었다는 것을 알고 깜짝 놀랐습니다.
今日の新聞であなたが住んでいる地方に大規模な地震があったことを知り、とてもびっくりしました。
쿄우노 신분데 아나타가 슨데이루 치호우니 다이키보나 지신가 앗따코토오 시리, 토테모 빗꾸리시마시타

지진으로 댁에 피해는 없으셨는지요.
地震でお宅に被害はありませんでしたか。 지신데 오타쿠니 히가이와 아리마셍데시타카

당신이 살고 계시는 지방에 대형 태풍이 있었다는 뉴스를 듣고 몹시 걱정했습니다.	あなたが住んでいらっしゃる地方に大型台風が上陸したというニュースを聞いてとても心配しました。
	아나타가 슨데이랏샤루 치호우니 오오가타 타이후우가 조우리쿠시타토이우 뉴-스오 키이테 토테모 심파이시마시타
오늘 TV에서 당신이 살고 계신 지방에 대홍수가 있었다고 들었습니다.	今日のテレビであなたが住んでいらっしゃる地方に大洪水が発生したと聞きました。
	쿄우노 테레비데 아나타가 슨데이랏샤루 치호우니 다이코우즈이가 핫세이시타토키키마시타
어젯밤 TV뉴스에서 당신이 살고 계신 지방에 몇 백 채나 되는 집들이 침수된 사실을 알았습니다.	昨晩テレビのニュースであなたが住んでいらっしゃる地方に何百軒もの家屋が浸水したという事実を知りました。
	사쿠방 테레비노 뉴-스데 아나타가 슨데이랏샤루치호우니 난뱌쿠켄모노카오쿠가 신스이시타토이우 지지츠오 시리마시타
화재로 댁이 소실되었다고 들었는데, 너무 안되셨습니다.	火災でお宅が焼失したと聞きましたが、本当にお気の毒なことです。
	카사이데 오타쿠가 쇼우시츠시타토키키마시타가, 혼토우니 오키노도쿠나코토데스
피해가 전혀 없어야 할 텐데요.	被害が全然なければいいんですが。 히가이가 젠젠 나케레바이이ㄴ데스가
정말로 너무 큰 피해가 아니었으면 좋겠군요.	本当にとても大きな被害がなければいいのですが。
	혼토우니 토테모 오오키나히가이가 나케레바이이노데스가
당신 집에 피해가 없었기를 바랍니다.	あなたの家に被害がないことを祈ります。
	아나타노이에니 히가이가나이코토오 이노리마스
당신이나 가족 여러분께서 무사하시기를 바랍니다.	あなたや家族の皆さんが無事であることを祈ります。
	아나타야 카조쿠노미나상가 부지데아루코토오 이노리마스
다행히 우리는 전혀 피해를 입지 않았습니다.	幸いなことに私達は全く被害を受けませんでした。
	사이와이나코토니 와타시타치와 맛따쿠 히가이오 우케마센데시타
덕분에 큰 피해는 피할 수 있었습니다.	おかげで大きな被害は避けることができました。
	오카게데 오오키나히가이 와 사케루코토가데키마시타
운좋게 지진으로 인한 피해는 전혀 없었습니다.	幸運なことに地震による被害は全くありませんでした。
	코우운나코토니 지신니요루히가이 와 맛따쿠아리마센데시타
우리가 사는 지역에는 수해를 모면했습니다.	私達が住んでいる地域は水害をのがれました。
	와타시타치가 슨데이루 치이키와 스이가이오 노가레마시타
다행스럽게도 우리는 한 사람도 다치지 않았습니다.	幸運なことに私達は一人も怪我をしませんでした。
	코우운나코토니 와타시타치와 히토리모 케가오시마센데시타
불행 중 다행으로 아내가 다리를 삐었을 뿐, 아무도 다치지 않았습니다.	不幸中の幸いで、妻が足をくじいただけで、誰も怪我をしませんでした。
	후코우츄우노사이와이데, 츠마가 아시오 쿠지이타다케데, 다레모 케가오시마센데시타

불행하게도 신축된 우리 집은 전소되어 버렸습니다.	不幸なことに、新築した我が家は全焼してしまいました。 후코우나코토니, 신치쿠시타 와가야와 젠쇼우시테시마이마시타
이번 지진 때문에 우리 집은 모두 부서졌습니다.	今回の地震のため我が家は全て崩れてしまいました。 콘카이노지신노타메 와가야와 스베테 쿠즈레테시마이마시타
3일 전에 있던 대홍수 때문에 우리 집은 마루 밑까지 침수되었습니다.	3日前にあった大洪水のため、我が家は板の間の下まで浸水しました。 밋까마에니잇따 다이코우즈이노타메, 와가야와 이타노마노시타마데 신스이시마시타
내가 사는 지역의 집들은 모두 마루 위까지 잠겨 버렸습니다.	私が住んでいる地域の家屋は全て板の間の上まで水に浸かってしまいました。 와타시가슨데이루 치이키노카오쿠와 스베테 이타노마노우에마데 미즈니 츠캇떼시마이마시타
피해가 전혀 없었다니 기쁘군요.	被害が全然なかったそうで、嬉しいですね。 히가이가 젠젠나깟따소우데, 우레시이데스네
큰 피해가 없으셨다니 안심했습니다.	大きな被害がなかったそうで、安心しました。 오오키나히가이가 나캇따소우데, 안신시마시타

※※ 문상하다　　　お悔やみをする　오쿠야미오스루

진심으로 애도의 말씀을 드립니다.	まことにご愁傷様でございます。 마코토니 고슈우쇼우사마데고자이마스
뭐라고 위로의 말씀을 드려야 할지 모르겠습니다.	何とお慰めのことばを申し上げればいいのかわかりません。 난토 오나구사메노코토바오 모우시아게레바이이노카 와카리마센
우선 애도의 뜻을 표합니다.	まず哀悼の意を表します。　마즈 아이토우노이오 아라와시마스
당신의 불행에 진심으로 위로드립니다.	あなたのご不幸、心からお悔やみ申し上げます。 아나타노고후코우, 코코로카라 오쿠야미 모우시아게마스
이번 불행은 정말 안되셨군요.	今回のご不幸、本当に残念でなりません。 콘카이노고후코우, 혼토우니 잔넨데나리마센
당신 가족의 불행을 듣고 정말 어떻게 말씀드려야 할지 모르겠습니다.	あなたのご家族のご不幸を聞き、本当に何と申し上げればいいのかわかりません。 아나타노고카조쿠노고후코우오키키, 혼토우니 난토 모우시아게레바이이노카 와카리마센
말로는 도저히 당신을 위로해 드릴 수가 없군요.	ことばではとうていあなたをお慰めすることができません。 코토바데와 토우테이 아나타오 오나구사메스루코토가 데키마센

| 제 기분은 도저히 말로 표현할 수가 없군요. | 私の気分はとてもことばで表現することができません。
와타시노키분와 토테모 코토바데 효우겐스루코토가 데키마센 |

당신의 슬픔은 제 슬픔이기도 합니다.
あなたの悲しみは私の悲しみでもあります。
아나타노 카나시미와 와타시노 카나시미데모 아리마스

당신 마음이 얼마나 아플지 알 것 같습니다.
胸中お察しいたします。
쿄우츄우오삿시이타시마스

그는 제 친구였는데 그가 세상을 떠났다니 몹시 그립군요.
彼は私の友達でしたが、彼がこの世を去ったなんて、非常に懐かしいです。
카레와 와타시노토모다치데시타가, 카레가 코노요오 삿따난테 히죠우니 나츠카시이데스

그는 훌륭한 인물이고, 사려 깊은 친구였습니다.
彼はすばらしい人物で、思慮深い友達でした。
카레와 스바라시이 진부츠데, 시료부카이토모다치데시타

✲ 조의를 표하다
弔意を表す 쵸우이오 아라와스

당신 아버님의 갑작스러운 부고를 들으니 충격과 슬픔으로 드릴 말씀이 없군요.
あなたのお父様の突然の訃報を聞いて、衝撃と悲しみで申し上げることばもございません。
아나타노오토우사마노도츠젠노 후호우오키이테, 쇼우게키토 카나시미데 모우시아게루코토바모 고자이마센

당신 아버님께서 돌아가셨다니 너무 안되셨군요.
あなたのお父様がお亡くなりになったなんて、非常に残念でなりません。
아나타노오토우사마가 오나쿠나리니낫따난테, 히죠우니 잔넨데나리마센

당신 어머님께서 돌아가셨다니 정말 놀랐습니다.
あなたのお父様がお亡くなりになったなんて、本当に驚きました。
아나타노 오토우사마가 오나쿠나리니낫따난테, 혼토우니 오도로키마시타

부인께서 돌아가셨다니 진심으로 애도의 뜻을 표합니다.
奥様がお亡くなりになり、まことにご愁傷様でございます。
옥사마가 오나쿠나리니나리, 마코토니 고슈우쇼우사마데고자이마스

방금 당신 남편의 부고를 받고 이 슬픈 마음을 뭐라고 표현해야 좋을지 모르겠습니다.
今しがたあなたのご主人の訃報を受け、この悲しみを何と表現すればいいのかわかりません。
이마 시가타 아나타노고슈진노 후호우오우케, 코노카나시미오 난토 효우겐스레바 이이노카 와카리마센

소중한 따님을 잃으셨다니 뭐라고 위로의 말씀을 드려야 할지 모르겠군요.
大切な娘さんを亡くされたとは、何とお慰めのことばを申し上げればいいのかわかりません。
타이세츠나 무스메산오 나쿠사레타토와 난토 오나구사메노 코토바오 모우시아게바이이노카 와카리마센

사랑하시던 따님이 이렇게 세상을 일찍 떠났다니 제 충격과 슬픔을 도저히 표현할 수가 없군요.	愛する娘さんがこんなに早くこの世を去たなんて、私の衝撃と悲しみはとうてい表現することができません。 아이스루 무스메상가 콘나니 하야쿠 코노요오삿따난테, 와타시노 쇼우게키토 카나시미와 토우테이 효우겐스루코토가 데키마센
동생분의 명복을 빌겠습니다.	弟（妹）さんのご冥福をお祈りいたします。 오토우토(이모우토)상노 고메이후쿠오 오이노리이타시마스
편히 잠드시길!	安らかにお眠りください。 야스라카니 오네무리쿠다사이
그의 명복을 빌겠습니다.	彼のご冥福をお祈りいたします。 카레노 고메이후쿠오 오이노리이타시마스
우리 가족 모두 애도의 뜻을 표합니다.	我が家族全員、哀悼の意を表します。 와가카조쿠 젠인, 아이토우노이오 아라와시마스
고인에게 깊은 경의를 표하며 이 꽃을 보내니 부디 받아 주시기 바랍니다.	故人に深く敬意を表しこの花をお送りいたしますので、どうかお受け取りくださいませ。 코진니 후카쿠 케이이오 아라와시 코노하나오 오오쿠리이타시마스노데, 도우카 오우케토리쿠다사이마세

❋ 상을 당한 사람을 위로하다　不幸のあった人を慰める 후코우노앗따히토오 나구사메루

부디 기운을 내십시오.	どうか元気を出してください。 도우카 겐키오 다시테쿠다사이
나약한 말씀을 하셔서는 안 됩니다.	気弱なことをおっしゃってはいけません。 키요와나코토오 옷샷떼와이케마센
희망을 버리시면 안 됩니다.	希望を失ってはいけません。 키보우오 우시낫떼와 이케마센
이 슬픔에 꺾이시면 절대 안 됩니다.	絶対にこの悲しみにくじかれてはいけません。 젯따이니 코노카나시미니 쿠지카레테와 이케마센
이렇게 슬플 때야말로 용기를 내셔야 합니다.	このように悲しい時こそ勇気を出さなければいけません。 코노요우니 카나시이토키코소 유우키오 다사나케레바이케마센
이런 때야 말로 강하게 그리고 긍정적으로 생각하십시오.	こんな時こそ強く、そして肯定的に考えてください。 콘나토키코소 츠요쿠, 소시테 코우테이테키니 캉가에테쿠다사이
슬픔의 이면에는 반드시 기쁨이 있습니다.	悲しみの裏側には必ず喜びがあります。 카나시미노우라가와니 카나라즈 요로코비가 아리마스
세월이 당신의 슬픔을 치유해 주기를 바랍니다.	月日があなたの悲しみを癒してくれるよう願っています。 츠키히가 아나타노 카나시미오 이야시테쿠레루요우 네갓떼이마스

| 하루라도 빨리 당신의 충격과 슬픔이 치유되기를 바랍니다. | １日も早くあなたの衝撃と悲しみが癒されるよう祈っています。 이치니치모 하야쿠 아나타노 쇼우게키토 카나시미가 이야사레루요우 이놋떼이마스 |

あなたをどうやって慰めればいいか本当にわかりません。
아나타오 도우얏떼 나구사메레바 이이카 혼토우니 와카리마센

당신을 어떻게 위로해야 좋을지 정말 모르겠습니다.

뭔가 할 수 있는 일이 있다면 부디 알려 주십시오.

何かできることがあったらどうか言ってください。
나니카 데키루코토가잇따라 도우카 잇떼쿠다사이

도움이 될 일이 있으면 주저 말고 알려 주십시오.

お役に立てることがあったら遠慮なく言ってください。
오야쿠니 다테루코토가 앗따라 엔료나쿠잇떼쿠다사이

장례식에 대해 / 葬儀について 소우기니 츠이테

장례식은 내일모레 거행됩니다.
葬儀は明後日行われます。 소우기와 아삿떼 오코나와레마스

아버님의 장례식은 10월 9일 1시에 봉원사에서 집행됩니다.
お父様の葬儀は１０月９日１時にボンウォン寺で行われます。 오토우사마노소우기와 쥬우가츠 코코노카 이치지니 봉원지데 오코나와레마스

장례식은 금월 3일에 서울병원에서 집행됩니다.
葬儀は今月３日にソウル病院で行われます。 소우기와 콘게츠 밋까니 소우루뵤우인데 오코나와레마스

위로에 답하다 / 慰めに答える 나구사메니 코타에루

와 주셔서 감사합니다.
来てくださってありがとうございます。
키테쿠다삿떼 아리가토우고자이마스

위로의 말씀 진심으로 감사드립니다.
お慰めのことば、心から感謝いたします。
오나구사메노코토바, 코코로카라칸샤이타시마스

마음으로부터의 위로의 말씀에 감사드립니다.
心からのお慰めのことばに感謝いたします。
코코로카라노오나구사메노코토바니 칸샤이타시마스

친절하신 위로의 편지에 진심으로 감사의 말씀 올립니다.
親切なお慰めのお手紙に心から感謝いたします。
신세츠나 오나구사메노오테가미니 코코로카라 칸샤이타시마스

위로의 말씀과 아름다운 꽃을 보내 주셔서 정말 감사드립니다.
お慰めのことばと美しいお花を送ってくださって本当にありがとうございます。
오나구사메노코토바토 우츠쿠시이오하나오 오쿳떼쿠다삿떼 혼토우니 아리가토우고자이마스

친절한 위로 말씀 덕분에 제 슬픔이 치유되었습니다.
親切なお慰めのことばのおかげで私の悲しみが癒されました。
신세츠나오나구사메노코토바노오카게데 와타시노카나시미가 이야사레마시타

금번 어머님께서 돌아가셨을 때 정성어린 조문의 전보를 보내주신 데 대해 진심으로 감사의 말씀 올립니다.	この度母が亡くなった時、真心のこもった弔問の電報を送ってくださり、誠にありがとうございました。 코노타비 하하가 나쿠낫따토키, 마고코로노코못따쵸우몬오 덴포우오 오쿳떼쿠다사리, 마코토니 아리가토우고자이마시타
사랑하는 아들을 앞세운지라 비참한 마음뿐입니다.	愛する息子に先立たれて惨めで仕方ありません。 아이스루 무스코니 사키다타레테 미지메데 시카타아리마센
제 사랑하는 아내의 죽음은 제게 돌이킬 수 없는 큰 상처입니다.	私の愛する妻の死は私にとって取り戻すことのできない大きな傷です。 와타시노아이스루 츠마노시와 와타시니톳떼 토리모도스코토노데키나이 오오키나키즈데스
남편의 죽음으로 인한 공허한 생활을 도저히 견뎌내기 힘들군요. 그러나 돌봐야 할 어린 아이들이 둘이나 되기 때문에 이 불행을 극복해야만 합니다.	夫の死による空虚な生活を耐え抜くのはとても大変ですね。しかし面倒を見なければならない幼い子供が二人もいるので、この不幸を克服しなければなりません。 옷또노시니요루쿠우쿄나세이카츠오 타에누쿠노와 토테모 타이헨데스네. 시카시 멘도우오미나케레바나라나이 오사나이코도모가 후타리모이루노데, 코노후코우오코쿠후쿠시 나케레바나리마센
두 아이들을 위해서라도 용기를 가지고 강하게 살아야 한다고 생각하고 있습니다.	二人の子供のためにも勇気を持って強く生きていかなければならないと思っています。 후타리노코도모노타메니모 유우키오 못떼츠요쿠이키테 이카나케레바나라나이토 오못떼이마스

단 어

걱정하다 : 心配する 심파이스루
건강 : 健康 켄코우
교통사고 : 交通事故 코우츠우지코
놀라다 : 驚く、びっくりする 오도로쿠、빗꾸리스루
바라다 : 願う 네가우
병 : 病気 뵤우키
병원 : 病院 뵤우인
부러지다 : 折れる 오레루
부상 : けが 케가
사고 : 事故 지코
수술 : 手術 슈쥬츠
슬픔 : 悲しさ 카나시사

아프다 : 痛い 이타이
안되다 : 残念だ 잔넨다
안전 : 安全 안젠
애도 : 哀悼 아이도우
위로하다 : 慰める 나구사메루
위문 : 慰問 이몬
죽음 : 死 시
진심의 : 本音の、本当の 혼네노、혼토우노
장례식 : 葬儀、葬式 소우기 소우시키
컨디션 : コンディション 콘디숀
피해 : 被害 히가이
회복 : 回復 카이후쿠

04 의논 상대가 되어 주다

相談相手になってあげる。
소우단아이테니 낫떼아게루

※ 상의하다
相談する 소우단스루

상의할 게 있는데.	相談したいことがあるんだけど。 소우단시타이코토가 아룬다케도
의논하고 싶은 일이 있어.	相談したいことがある。 소우단시타이코토가 아루
너의 의견을 듣고 싶어.	あなたの意見を聞きたい。 아나타노이켄오 키키타이
너의 정직한 의견을 원해.	あなたの正直な意見がほしい。 아나타노쇼우지키나 이켄가 호시이
뭔가 충고해 주지 않을래?	なんかアドバイスしてくれる？ 난카 아도바이스시테쿠레루?
누구한테 상담하면 좋을지 모르겠어.	だれに相談したらいいか分からない。 다레니 소우단시타라 이이카 와카라나이
이 약을 먹어도 될까?	この薬を飲んでもいいか。 코노쿠스리오 논데모이이카
의사와 상담해야 해.	医者と相談しなきゃいけない。 이샤토소우단시나캬 이케나이
부모님과 이야기해 봤니?	両親と話し合ってみた？ 료우신토하나시앗떼미타?
상담할 수 있는 사람은 너뿐이야.	相談できる人はあなただけだ。 소우단데키루히토와 아나타다케다
그는 무슨 일이든 아내와 상의해.	彼はなんでも奥さんと相談する。 카레와 난데모 옥상토소우단스루
그 문제에 대해 말해 보자.	その問題について話し合ってみよう。 소노몬다이니츠이테 하나시앗떼미요우
나한테 말해 줘서 기뻐.	私に言ってくれて嬉しい。 와타시니 잇떼쿠레테 우레시이
고마워. 조금 마음이 편해지는 것 같아.	ありがと。少し楽になった気がする。 아리가토. 스코시 라쿠니낫따키가스루
언제라도 의논하러 와.	いつでも相談しに来てね。 이츠데모 소우단시니키테네
나라도 괜찮다면 상의해도 돼.	私でもいいなら相談してもいい。 와타시데모 이이나라 소우단시테모이이

✱✱ 조언하다 　助言(じょげん)する 죠겐스루

너한테 해줄 말이 있어.	あなたに言(い)っとく話(はなし)がある。	아나타니 잇또쿠하나시가 아루
이건 내 경험에서 말하는 건데.	これは私(わたし)の経験(けいけん)から言(い)うことだが、	코레와 와타시노 케이켄카라 이우코토다가
내 어드바이스가 도움이 되면 좋겠다.	私(わたし)のアドバイスが役(やく)に立(た)てばいいのだが。	와타시노 아도바이스가 야쿠니타테바 이이노다가
끝까지 해야 해.	最後(さいご)までしなきゃいけない。	사이고마데 시나캬이케나이
그게 문제의 본질이야.	それが問題(もんだい)の本質(ほんしつ)だ。	소레가 몬다이노혼시츠다
잘 기억해 둬.	よく覚(おぼ)えといてね。	요쿠오보에토이테네
잘 들어.	よく聞(き)いてね。	요쿠키이테네
생각해 봐.	考(かんが)えてみて。	캉가에테미테
내 충고를 들어.	私(わたし)のアドバイスを聞(き)いて。	와타시노아도바이스오 키이테
무리하지 마.	無理(むり)するな。	무리스루나
초조해하지 마.	焦(あせ)るな。	아세루나
서두를 필요가 없어.	急(いそ)ぐ必要(ひつよう)がない。	이소구히츠요우가나이
변명하지 마라.	言(い)い訳(わけ)するな。	이이와케스루나
최선을 다해.	最善(さいぜん)を尽(つ)くして。	사이젠오츠쿠시테
그건 네가 결정한 거야.	それはあなたが決(き)めたことだ。	소레와 아나타가 키메타코토다
이런 기회는 다시 오지 않아.	こんな機会(きかい)は二度(にど)と来(こ)ない。	콘나키카이와 니도토 코나이

✱✱ 주의를 주다 　注意(ちゅうい)をする 츄우이오스루

한 가지 말해 둘 게 있는데.	一(ひと)つ言(い)っとくことがあるが。	히토츠 잇또쿠코토가아루가
비난하려는 게 아니야.	非難(ひなん)するわけではない。	히난스루와케데와나이
기분 나빠하지 말고 들어요.	気(き)を悪(わる)くしないで聞(き)いてください。	키오와루쿠시나이데키이테쿠다사이
너를 위해 말하는 거야.	あなたのために言(い)うのよ。	아나타노타메니이우노요

친구니까 말하는 거야.	友達だから言うのよ。	토모다치다카라이우노요
너도 조만간 이해할 거야.	あなたもそのうち分かると思う。	아나타모소노우치 와카루토오모우
내가 말했잖아.	私が言ったじゃない。	와타시가 읻따쟈나이
다시는 이런 일이 없도록 해.	二度とこんなことはないようにして。 니도토 콘나코토와 나이요우니시테	
그렇게 당황해 하지마.	そんなに慌てないで。	손나니아와테나이데
겁먹지 마.	怖がらないで。	코와가라나이데
진지해져 봐.	真剣になってみて。	신켄니낟떼미테
웃을 일이 아니야.	笑うことではない。	와라우코토데와나이
그건 너무 극단적이야.	それは極端すぎだ。	소레와 쿄쿠탄스기다
말조심해.	ことばに気をつけて。	코토바니키오츠케테
바보 짓하지 마세요.	ばかなことしないでください。	바카나코토시나이데쿠다사이
내버려 둬요.	ほっといてください。	홋또이테쿠다사이
우유부단하게 굴지 마.	優柔不断にふるまわないで。	유우쥬우후단니 후루마와나이데

✱✱ 격려하다   励ます 하게마스

힘 내!	頑張って。	간받떼
행운을 빌어!	幸運を祈る。	코우운오이노루
더 잘될 거야.	もっとうまくいくよ。	못또 우마쿠이쿠요
열심히 해!	頑張って。	간받떼
일단 해봐.	とりあえずやってみて。	토리아에즈 얏떼미테
다시 해봐.	もう一度やってみて。	모우이치도 얏떼미테
다음엔 더 열심히 해.	今度はもっと頑張って。	콘도와 못또 간받떼
해보는 게 좋아.	やってみるのがいい。	얏떼미루노가이이
실망하지 말고 기운 내.	がっかりしないで元気出して。	갓까리시나이데 겐키다시테
포기하지 마.	諦めないで。	아키라메나이데
포기하지 마요!	諦めないでください。	아키라메나이데쿠다사이

계속 도전해.	続けて挑戦して。	츠즈케테쵸우센시테
용기를 내세요.	勇気を出してください。	유우키오다시테쿠다사이
용기를 가져요.	勇気を持ってください。	유우키오못테쿠다사이
너라면 할 수 있어!	あなたならできる！	아나타나라 데키루
넌 잘할 거야.	あなたはうまくやる。	아나타와 우마쿠아루
마음을 굳게 먹어.	意志をかたく持って。	이시오 카타쿠 못테
자신을 가져.	自信を持って。	지신오 못테
그 기세요!	その勢い。	소노이키오이
할 수밖에 없어.	やるしかない。	야루시카나이
승부를 걸어 봐.	勝負に出てみて。	쇼우부니데테미테
나는 네 편이야.	私はあなたの味方だ。	와타시와 아나타노미카타다
거의 다 되었어.	もうすぐできる。	모우스구 데키루
찬스는 있어.	チャンスはある。	챤스와 아루
성공하기를 빌게.	成功を祈る。	세이코우오이노루

✱✱ 칭찬하다　　褒める 호메루

멋지다!	かっこいい！	캇꼬이이
해냈어!	やり遂げたね！	야리토게타네
잘했어!	うまくやった！	우마쿠얏따
잘한 일이야.	うまくやったよ。	우마쿠얏따요
너 스스로를 자랑스러워 해도 돼.	あなた自らが誇らしく思ってもいい。	아나타미즈카라가 호코라시쿠 오못떼모이이
네가 자랑스러워.	あなたが誇らしい。	아나타가 호코라시이
넌 의지가 돼.	あなたは意志が強い。	아나타와 이시가 츠요이
바른 길을 가고 있는 거야.	正しい道を進んでいるんだ。	타다시이미치오 스슨데이룬다
넌 근성이 있어.	あなたは根性がある。	아나타와 콘죠우가 아루
난 네가 부러워.	私はあなたがうらやましい。	와타시와 아나타가 우라야마시이

멋져 보인다.	かっこよく見える。	캇꼬요쿠 미에루
너한테 어울려.	あなたに似合う。	아나타니 니아우
너는 옷을 보는 안목이 있어.	あなたは服を見る目がある。	아나타와 후쿠오미루메가 아루
넌 옷 입는 법을 알아.	あなたは服のセンスがある。	아나타와 후쿠노센스가아루

✱ 축하하다　　祝う 이와우

축하해!	おめでとう！	오메데토우
너의 성공을 축하해.	あなたの成功を祝うよ。	아나타노세이코우오이와우요
승진을 축하해.	昇進、おめでとう。	쇼우신, 오메데토우
출산을 축하해.	出産、おめでとう。	슛산, 오메데토우
시험 합격을 축하해요.	試験合格、おめでとうございます。	시켄고우카쿠, 오메데토우고자이마스
축하하자!	祝おう！	이와오우
너무 기뻐.	すごく嬉しい。	스고쿠 우레시이
네가 정말 자랑스러워.	あなたが本当に誇らしい。	아나타가 혼토우니 호코라시이
정말 잘됐다.	本当によかった。	혼토우니 요캇따

단 어

상담하다 : 相談する 소우단스루	축하하다 : 祝う 이와우
조언(하다) : 助言（する）죠겐(스루)	칭찬하다 : 褒める 호메루
제안하다 : 提案する 테이안스루	찬사 : 賛辞 산지
객관적인 : 客観的な 캇깐테키나	자랑스럽다 : 誇らしい 호코라시이
주관적인 : 主観的な 슈칸테키나	만족했다 : 満足した 만조쿠시타
중립의 : 中立の 츄우리츠노	진심으로 : 本当に 혼토우니
위로(하다) : 慰め（る）나쿠사메(루)	성공 : 成功 세이코우
격려 : 励まし 하게마시	우승 : 優勝 유우쇼우
행운 : 幸運 코우운	시험 합격 : 試験合格 시켄고우카쿠
불운 : 不運 후운	졸업 : 卒業 소츠교우
실수 : 誤り 아야마리	승진 : 昇進 쇼우신
결점 : 欠点 켓뗀	수상 : 受賞 쥬쇼우
시도(하다) : 試す 타메스	결혼 : 結婚 켓콘
노력 : 努力 도료쿠	

05 부탁하다 頼む 타노무

※ 부탁이 있다　頼みがある 타노미가 아루

당신에게 부탁이 있습니다.	あなたに頼みがあります。 아나타니 타노미가 아리마스
부탁을 드려도 될까요?	頼んでもいいですか。 타논데모이이데스카
당신 도움이 필요해요.	あなたの助けが必要です。 아나타노타스케가 히츠요우데스
좀 도와 주실래요?	ちょっと助けてくださいませんか。 촛또 타스케테쿠다사이마셍카
당신에게 꼭 부탁드릴 것이 있습니다.	あなたにどうしてもお願いしたいことがあります。 아나타니도우시테모 오네가이시타이코토가 아리마스
저 대신 그 일을 해 주실래요?	私のかわりにそれをしてくれますか。 와타시노카와리니 소레오시테쿠레마스카
당신에게 부탁해도 괜찮을지 어떨지.	あなたに頼んでいいかどうか。 아나타니타논데이이카도우카
제 부탁을 들어 주시면 정말로 기쁘겠습니다만.	私の頼みを聞いてもらえたら本当に嬉しいんですが。 와타시노타노미오키이테 모라에타라 혼토우니 우레시인데스가
제 부탁을 들어 주신다면 정말로 감사하겠습니다.	私の頼みを聞いてもらえるんでしたら本当にありがたいです。 와타시노타노미오 키이테모라에룬데시타라 혼토우니 아리가타이데스
이런 부탁을 드리게 된 것을 용서해 주십시오.	こんなお願いをしたことをお許しください。 콘나 오네가이오 시타코토오 오유루시쿠다사이
이렇게 염치 없는 부탁을 하게 된 저를 용서해 주십시오.	こんなふうに恥知らずなお願いをする私をお許しください。 콘나후우니 하지시라즈나 오네가이오스루 와타시오 오유루시쿠다사이
폐를 끼쳐 정말 죄송합니다만, 달리 의지할 사람이 없어서요.	迷惑をかけて本当にすみませんが、他に頼る人がいないので。 메이와쿠오카케테 혼토우니 스미마셍가, 호카니 타요루히토가이나이노데
도와 줄 사람이 필요해요.	助けてくれる人が必要です。 타스케테쿠레루히토가 히츠요우데스
이번 건으로 저를 도와 주신다면 평생 은혜 잊지 않겠습니다.	今回の件で私を助けてくださるのでしたら一生そのご恩は忘れません。 콘카이노켄데 와타시오 타스케테쿠다사루노데시타라 잇쇼우 소노고온와 와스레마셍

당신의 도움이 꼭 필요해요.	あなたの助けがどうしても必要です。 아나타노타스케가 도우시떼모 히츠요우데스
부탁합니다.	お願いします。 오네가이시마스
부탁할게.	頼む。 타노무
이 짐을 날라 주세요.	この荷物を運んでください。 코노니모츠오 하콘데쿠다사이
집까지 태워 주실래요?	家まで車で送ってくれますか。 이에마데 쿠루마데 오쿳떼쿠레마스카
번거로운 일인 줄 압니다만.	やっかいなことだというのは分かっていますが。 얏까이나코토다토이우노와 와캇떼이마스가

※ 허락을 구하다　承諾を求める 쇼우다쿠오모토메루

들어가도 됩니까?	入ってもいいですか。 하잇떼모이이데스카
창문을 열어도 될까요?	窓を開けてもいいですか。 마도오아케테모이이데스카
이 테이블 옮겨도 될까요?	このテーブルを運んでもいいですか。 코노테-브루오 하콘데모이이데스카
담배를 피워도 괜찮나요?	タバコを吸ってもいいですか。 타바코오슷떼모이이데스카
전화를 사용해도 됩니까?	電話を使ってもいいですか。 덴와오츠캇떼모이이데스카
화장실을 사용해도 될까요?	お手洗いを使ってもいいですか。 오테아라이오 츠캇떼모이이데스카
같이 가도 돼?	一緒に行ってもいい？ 잇쇼니 잇떼모이이?
여기 앉아도 되나요?	ここに座ってもいいですか。 코코니 스왓떼모이이데스카
좀 봐도 될까요?	ちょっと見ていいですか。 춋또미테이이데스카

※ 빌려 달라고 하다　貸してと言う 카시테도이우

어니스트 헤밍웨이의 《노인과 바다》를 빌려 주지 않겠습니까?	アーネスト・ヘミングウェイの『老人と海』を貸してくれませんか。 아-네스토 헤밍구웨이노 로우진토 우미오 카시테쿠레마센카
이 비디오를 이틀 정도 빌려 주지 않겠습니까?	このビデオを二日間くらい貸してくれませんか。 코노비데오오 후츠카칸쿠라이 카시테쿠레마센카
그것을 좀 빌려 주지 않겠습니까?	それをちょっと貸してくれませんか。 소레오 춋또 카시테쿠레마센카

이 책을 빌릴 수 있니?	この本を借りてもいい？	코노홍오 카리테모이이?
그 책을 빌려 주시면 정말 기쁘겠습니다만.	その本を貸してくださると本当に嬉しいですが。	소노홍오 카시테쿠다사루토 혼토우니 우레시이데스가

** 돌려 달라고 하다　　返してという。　　카에시테도이우

전날 빌려드린 책을 돌려주지 않겠습니까?	先日貸した本を返してくれませんか。	센지츠 카시타 홍오 카에시테쿠레마센카
한 달 전에 빌린 비디오를 빨리 돌려주시지 않겠습니까?	一ヶ月前に貸したビデオを早く返してくれませんか。	잇까게츠마에니 카시타 비데오오 하야쿠 카에시테 쿠레마센카

** 돈을 빌려 달라고 하다　　お金を貸してと言う。　　오카네오 카시테도이우

저는 지금 경제적으로 곤란에 처해 있습니다.	私は今経済的に困っています。	와타시와 이마 케이자이테키니 코맛떼이마스
여윳돈 좀 가지고 있나요?	お金に余裕ありますか。	오카네니 요유우 아리마스카
돈 좀 빌릴 수 있나요?	お金をちょっと借りてもいいですか。	오카네오 훗또 카리테모이이데스카
500엔을 빌려 주실 수 있나요?	５００円貸していただけませんか。	고햐쿠엔 카시테이타다케마센카
500엔을 조달하지 못해 대단한 곤란에 처해 있습니다.	５００円を調達できなくてとても困っています。	고햐쿠엔오 츄우타츠데키나쿠테 토테모 코맛떼이마스
500엔을 빌려 주신다면 대단히 고맙겠습니다만.	５００円を貸してくださると本当にありがたいですが。	고햐쿠엔오 카시테 쿠다사루토 혼토우니 아리가타이데스가
정말 말씀드리기 어렵습니다만, 1개월만 500엔을 빌려 주시지 않겠습니까?	本当に申し上げにくいんですが、一ヶ月だけ５００円貸してくださいませんか。	혼토우니 모우시아게니쿠인데스가, 잇까게츠다케 고햐쿠엔 카시테 쿠다사이마센카
월급날까지 돈 좀 빌려 주면 안 될까요?	給料日までお金を貸してくれませんか。	큐우료우비마데 오카네오 카시테쿠레마센카
부탁하신 돈을 기꺼이 전액 빌려 드리겠습니다.	頼まれたお金を喜んで全額お貸しします。	타노마레타 오카네오 요로콘데 젠가쿠 오카시시마스

부탁하신 금액의 수표를 오늘 오후에 보내 드리겠습니다.	頼まれた金額の小切手を今日の午後お送りします。 타노마레타 젠가쿠노코깃떼오 쿄우노고고 오오쿠리시마스
얼마나 필요한데요?	いくら必要ですか。 하쿠라 히츠요우데스카
죄송합니다. 제 자신이 돈이 없어 어려운 지경입니다.	すみません。私もお金がなくて困っているところなんです。 스미마센. 와타시모 오카네가 나쿠테 코맛떼이루토코로난데스

✲✲ 부탁에 답하다 頼みに答える 타노미니 코타에루

이 건에 관해서 좀 더 상세하게 알려 주십시오.	この件に関してもっと詳しく知らせてください。 코노켄니 칸시테 못또 쿠와시쿠 시라세테쿠다사이
그 일에 대해 상세하게 알려 주시겠습니까?	このことについて詳しく知らせてくださいませんか。 코노코토니츠이테 쿠와시쿠 시라세테쿠다사이마센카
기꺼이 그러죠!	喜んでそうします。 요로콘데 소우시마스
무엇을 도우면 되죠?	何をお手伝いすればいいでしょうか？ 나니오 오데츠다이스레바 이이데쇼우카
뭘 할까?	何をしようか。 나니오 시요우카
말만 해.	何でも言って。 난데모잇떼
간단한 일이야.	簡単なことだ。 칸탄나코토다
기꺼이 도와드리겠습니다.	喜んでお助けします。 요로콘데 오타스케시마스
괜찮습니다.	いいです；大丈夫です。 이이데스; 다이죠우부데스
제가 할 수 있는 일이라면요.	私ができることなら。 와타시가 데키루코토나라
제가 할 수 있는 건 하겠어요.	私ができることはやります。 와타시가 데키루코토와 아리마스
좋아요. 생각 좀 해볼게요.	いいです。ちょっと考えてみます。 이이데스. 훗또 캉가에테미마스
안 되겠는데요.	できそうにないんですが。 데키소우니나인데스가
정말 할 수 없는데요.	本当にできないんですが。 혼토우니 데키나인데스가
그건 안 됩니다.	それは無理です。 소레와 무리데스
죄송하지만 당신의 요구에는 응할 수 없습니다.	すみませんが、あなたの要求には応じられません。 스미마센가, 아나타노요우큐우니와 오우지라레마센

정말로 유감스럽습니다만 당신의 의뢰는 받아들일 수 없습니다.	本当に残念ですが、あなたの依頼は受けられません。 혼토우니 잔넨데스가, 아나타노이라이와 우케라레마셍
정말 죄송하지만, 그 건에 관해서는 저는 당신을 도와드릴 입장이 아닙니다.	本当にすみませんが、その件に関しては私はあなたをお助けする立場ではありません。 혼토우니 스미마셍가, 소노켄니 칸시테와 와타시와 아나타오 오타스케스루 타치바데와 아리마셍
죄송하지만, 안 그랬으면 좋겠는데요.	すみませんが、そうしないでほしいんですが。 스미마셍가, 소우시나이데 호시인데스가
곤란하게 하지 마세요.	困らせないでください。 코마라세나이데쿠다사이
안 된다고 했잖아.	できないって言ったじゃない。 데키나잇떼 잇따쟈나이

단 어

간청하다 :	懇請する 콘세이스루		싫어하다 :	嫌いだ 키라이다
거절하다 :	断る 코토와루		어려운 :	難しい 무즈카시이
걱정하여 :	心配して 심파이시테		여분의 :	余分の 요분노
곤란 :	困難 콘난		용서하다 :	許す 유루스
궁금하게 여기다 :	気がかりに思う 키가카리니오모우		원조 :	援助 엔조
금지하다 :	禁止する 킨시스루		원하다 :	ほしい 호시이
기꺼이 :	喜んで 요로콘데		유감 :	残念 잔넨
기대하다 :	期待する 키타이스루		응하다 :	応じる 오우지루
돌려주다 :	返す 카에스		의뢰 :	依頼 이라이
동의하다 :	同意する 도우이스루		의미하다 :	意味する 이미스루
문제 :	問題 몬다이		의사 :	意思 이시
바라다 :	願う 네가우		의존하다 :	依存する 이존스루
받아들이다 :	受ける 우케루		정보 :	情報 죠우호우
부탁하다 :	頼む 타노무		청 :	頼み 타노미
불평하다 :	文句を言う 몬쿠오 이우		총액 :	総額 소우가쿠
빌려 주다 :	貸す 카스		편의 :	便宜 벤기
빌리다 :	借りる 카리루		필요하다 :	必要だ 히츠요우다
쉽다 :	易しい 야사시이		허가 :	許可 쿄카
신뢰하다 :	信頼する 신라이스루		허가하다 :	許可する 쿄카스루

PART 7

상황에 따라 표현하다

状況によって表現する
죠우쿄우니욧떼 효우겐스루

01 시간·요일·날짜 時間·曜日·日付 지캉니 요우비 히즈케

❋ 시간에 대해   時間について 지칸니 츠이테

몇 시입니까?	何時ですか。 난지데스카
몇 시인지 가르쳐 주시겠습니까?	何時か教えてくださいませんか。 난지카 오시에테쿠다사이마셍카
혹시 몇 시인지 아세요?	ひょっとして何時かご存知ですか。 훗또시테 난지카 고존지데스카
7시입니다.	7時です。 시치지데스
정각 7시입니다.	ちょうど7時です。 쵸우도 시치지데스
곧 7시입니다.	もうすぐ7時です。 모우스구 시치지데스
7시경입니다.	7時ごろです。 시치지고로데스
7시 막 지났습니다.	ちょうど7時を過ぎました。 쵸우도 시치지오 스기마시타
7시 10분입니다.	7時10分です。 시치지 쥿뿐데스
7시 15분입니다.	7時15分です。 시치지 쥬우고훈데스
7시 30분입니다.	7時30分です。 7時半です。 시치지 산쥿뿐데스, 시치지 한데스
7시 45분입니다.	7時45分です。 시치지 욘쥬우고훈데스
7시 50분입니다.	7時50分です。 시치지 고쥿뿐데스

❋ 시계 상태에 대해   時計の状態について 토케이노 죠우타이니 츠이테

당신 시계는 정확합니까?	あなたの時計は正確ですか。 아나타노 토케이와 세이카쿠데스카
제 시계는 빨리 갑니다.	私の時計は速いです。 와타시노토케이와 하야이데스
제 시계는 5분 빨리 갑니다.	私の時計は5分進んでいます。 와타시노토케이와 고훈스슨데이마스
제 시계는 하루에 2분씩 빨리 갑니다.	私の時計は1日2分ずつ進んでいます。 와타시노토케이와 이치니치 니훈즈츠 스슨데이마스

제 시계는 고장났어요.	私の時計は壊れました。	와타시노토케이와 코와레마시타
제 시계는 하루에 2분씩 늦게 갑니다.	私の時計は１日２分ずつ遅れています。	와타시노토케이와 이치니치 니훈즈츠 오쿠레테이마스
제 시계는 시보보다 3분 늦습니다.	私の時計は時報より３分遅いです。	와타시노토케이와 지호우요리 산뿐오소이데스

❋ 요일에 대해 曜日について 요우비니 츠이테

오늘은 무슨 요일입니까?	今日は何曜日ですか。	쿄우와 난요우비데스카
월요일입니다.	月曜日です。	게츠요우비데스
어제는 무슨 요일이었습니까?	昨日は何曜日でしたか。	키노우와 난요우비데시타카
일요일입니다.	日曜日でした。	니치요우비데시타
내일은 무슨 요일입니까?	明日は何曜日ですか。	아시타와 난요우비데스카
화요일입니다.	火曜日です。	카요우비데스
수요일 오후에 시간 있어요?	水曜日の午後お時間ありますか。	스이요우비노고고 오지칸 아리마스카
다음주 토요일엔 하루 종일 집에 있을 거예요.	来週の土曜日は一日中家にいます。	라이슈우노도요우비와 이치니치쥬우 이에니 이마스

❋ 날짜에 대해 日付について 히즈케니 츠이테

오늘은 며칠입니까?	今日は何日ですか。	쿄우와 난니치데스카
6월 11일입니다.	6月11日です。	로쿠가츠 쥬우이치니치데스
어제는 며칠이었습니까?	昨日は何日でしたか。	키노우와 난니치데시타카
6월 10일이었습니다.	6月10日でした。	로쿠가츠 토오카데시타
내일은 며칠입니까?	明日は何日ですか。	아시타와 난니치데스카
6월 12일입니다.	6月12日です。	로쿠가츠 쥬우니니치데스
당신 생일은 언제입니까?	あなたのお誕生日はいつですか。	아나타노오탄죠우비와 이츠데스카
3월 27일입니다.	3月27日です。	산가츠 니쥬우시치니치데스

저는 1980년 10월 16일에 태어났습니다.

私は１９８０年１０月１６日に生まれました。
와타시와 센큐우햐쿠하치쥬우넨 쥬우가츠 쥬우로쿠니치니 우마레마시타

저는 1994년에 대학교를 졸업했습니다.

私は１９９４年に大学を卒業しました。
와타시와 센큐우햐쿠큐우쥬우요넨니 다이가쿠오 소츠교우시마시타

다음 모임은 8월 28일, 금요일입니다.

次の集まりは８月２８日、金曜日です。
츠기노아츠마리와 하치가츠 니쥬우하치니치, 킨요우비데스

단 어

날짜 : 日付 히즈케	일 : 日 니치
느리다 : 遅い、遅れてる 오소이, 오쿠레테루	정확한 : 正確な 세이카쿠나
빠르다 : はやい、進んでる 하야이, 스슨데루	주 : 週 슈우
정확한 : 正確な 세이카쿠나	회계연도 : 会計年度 카이케이넨도
시간에 정확한 : 時間を守る 지캉오 마모루	오늘 : 今日 쿄우
연 : 年 넨	어제 : 昨日 키노우
월 : 月 가츠	내일 : 明日 아시타

02 식당 食堂 쇼쿠도우

✱✱ 식당을 찾아 예약하다 食堂を探して予約する 쇼쿠도우오 사가시테 요야쿠스루

오늘 저녁은 어디에서 먹을까?	今日の夕食はどこで食べようか。	쿄우노유우쇼쿠와 도코데 타베요우카
근처에 괜찮은 레스토랑을 추천해 주시겠어요?	近くでお勧めのレストラン、ありますか。	치카쿠데 오스스메노레스토랑 아리마스카
이 근처에 한국 식당이 있나요?	この近くに韓国料理店はありますか。	코노치카쿠니 칸코쿠료우리텐와 아리마스카
일정식을 잘하는 집이 어디입니까?	和定食のおいしい店はどこですか。	와테이쇼쿠노오이시이미세와 도코데스카
예약을 해야 합니까?	予約しなきゃいけませんか。	요야쿠시나캬이케마센카
5시에 2명 예약을 하고 싶습니다.	5時に二人予約したいです。	고지니 후타리 요야쿠시타이데스
성함이 어떻게 되십니까?	お名前は…？	오나마에와
복장 규칙이 있습니까?	服装制限はありますか。	후쿠소우세이겐와 아리마스카
6시에 아베상이라는 이름으로 예약을 했습니다.	6時に阿部さんという名前で予約しました。	로쿠지니 아베상토이우 나마에데 요야쿠시마시타
몇 분이십니까?	何名様でしょうか。	난메이사마데쇼우카
일행이 5명입니다.	5人です。	고닌데스
4명입니다.	4人です。	요닌데스
두 사람 자리가 있나요?	二人の席はありますか。	후타리노세키와 아리마스카
얼마나 기다려야 합니까?	どのくらい待たなければいけませんか。	도노쿠라이 마타나케레바 이케마센카
금연석으로 주세요.	禁煙席にしてください。	킨엔세키니시테쿠다사이

✲ 주문하다　注文する 츄우몬스루

어서오세요.	いらっしゃいませ。 이랏샤이마세
메뉴를 보여 주세요.	メニューを見せてください。 메뉴-오 미세테쿠다사이
식사 전에 칵테일을 드시겠어요?	食事の前にカクテルを召し上がりますか。 쇼쿠지노마에니 카쿠테루오 메시아가리마스카
주문할래요?	注文しますか。 츄우몬시마스카
주문하시겠습니까?	ご注文はお決まりでしょうか。 고츄우몬와 오키마리데쇼우카
애피타이저로 무엇을 드시겠어요?	前菜は何になさいますか。 젠사이와 나니니 나사이마스카
오늘의 특별 요리는 무엇입니까?	今日の特別料理は何ですか。 쿄우노 토쿠베츠료우리와 난데스카
오늘은 뭐가 괜찮습니까?	今日は何がいいですか。 쿄우와 나니가 이이데스카
이 집은 뭘 잘합니까?	この店は何がおいしいですか。 코노미세와 나니가 오이시이데스카
저희는 뉴욕 스테이크를 전문으로 하고 있습니다.	こちらはニューヨークステーキを専門としています。 코치라와 뉴-요-쿠스테-키오 센몬토시테이마스
좋아요, 그걸로 하지요.	いいですね、それにします。 이이데스네, 소레니시마스
새우 칵테일로 주세요.	えびカクテルにします。 에비카쿠테루니시마스
서로인 스테이크를 주세요.	サーロインステーキをください。 사-로인스테-키오 쿠다사이
같은 것으로 주세요.	同じものをください。 오나지모노오 쿠다사이
스테이크는 어떻게 해 드릴까요?	ステーキはどうなさいますか。 스테-키와 도우나사이마스카
어떻게 해 드릴까요?	どうなさいますか。 도우나사이마스카
중간 정도로 익혀 주세요.	ミディアムで焼いてください。 미디아무데 야이테쿠다사이
완전히 익혀 주세요.	ウェルダンで焼いてください。 웨루단데 야이테쿠다사이
수프나 샐러드 중 어느 것으로 하시겠어요?	スープとサラダと、どちらになさいますか。 스-프토사라다토, 도치라니 나사이마스카
마실 것은 무엇으로 하시겠어요?	お飲み物は何になさいますか。 오노미모노와 나니니 나사이마스카
특산 맥주가 있나요?	特産のビールはありますか。 톡산노비-루와 아리마스카

다른 것 더 주문하실 것은 없습니까?	他にご注文はよろしいでしょうか。 호카니 고츄우몬와 요로시이데쇼우카	
이것은 어떤 요리입니까?	これはどんな料理ですか。 코레와 돈나료우리데스카	
디저트는 무엇이 있습니까?	デザートは何がありますか。 데자-토 와 나니가 아리마스카	
치즈버거 한 개와 콜라 주세요.	チーズバーガー一つとコーラください。 치-즈바-가- 히토츠토 코-라 쿠다사이	
네, 다른 것은요?	はい、他にございますか。 하이, 호카니 코자이마스카	
없습니다.	ありません。 아리마센	
양파는 빼 주세요.	たまねぎは抜いてください。 타마네기와 누이테쿠다사이	
여기서 드실 겁니까, 아니면 가지고 가실 겁니까?	こちらでお召し上がりですか、お持ち帰りですか。 코치라데 오메시아가리데스카, 오모치카에리데스카	
여기서 먹을 겁니다.	ここで食べます。 코코데타베마스	

✱✱✱ 요구 사항을 말하다 要求事項を言う 요우큐우지코우오이우

이것은 제가 주문한 것이 아니에요.	これは私が注文したものではありません。 코레와 와타시가 츄우몬시타모노데와 아리마센	
나이프를 떨어뜨렸어요.	ナイフを落としました。 나이후오 오토시마시타	
다른 포크를 가져다 주시겠어요?	他のフォークを持ってきてくれますか。 호카노 호-쿠오 못떼키테쿠레마스카	
작은 접시를 주시겠어요?	とりざらをいただけますか。 토리자라오 이타다케마스카	
버터를 좀 더 주시겠어요?	バターをもう少しいただけますか。 바타-오 모우스코시 이타다케마스카	
물을 주세요.	水をください。 미즈오 쿠다사이	
메뉴를 다시 한번 볼 수 있을까요?	メニューをもう一度見せてくれますか。 메뉴-오 모우이치도 미세테쿠레마스카	
요리는 아직 멀었나요?	料理はまだですか。 료우리와 마다데스카	
이것을 어떻게 먹나요?	これはどうやって食べますか。 코레와 도우얏떼 타베마스카	
접시를 치워 주세요.	お皿を片付けてください。 오사라오 카타즈케테쿠다사이	

✳ 계산하다　計算する 케이산스루

여기서 지불합니까?	ここで払いますか。	코코데 하라이마스카
계산서를 주세요.	レシートください。	레시-토 쿠다사이
현금으로 계산할게요.	現金で払います。	겐킨데 하라이마스
이 요금은 무엇인가요?	この料金は何ですか。	코노료우킨와 난데스카
라면은 주문하지 않았는데요.	ラーメンは注文しなかったんですが。	라-멘와 츄우몬시나캇딴데스가
식사 정말 맛있었습니다.	食事、本当においしかったです。	쇼쿠지 혼토우니 오이시캇따데스

단 어

●● 전채

- 게 칵테일 : かにカクテル 카니 카쿠테루
- 굴에다 양겨자와 캐비어를 섞은 것 : カキ混ぜ合わせ 카키 마제아와세
- 모듬 전채 : 詰め合わせ前菜 츠메아와세젠사이
- 새우 칵테일 : えびカクテル 에비카쿠테루
- 생굴 : 生カキ 나마카키
- 신선한 대합 : あさり 아사리
- 으깬 정어리 젓갈 : カタクチイワシ、アンチョビー 카타쿠치이와시 안쵸비-
- 철갑상어의 알젓 : キャビア 캬비아
- 파테(고기나 생선 간 것을 파이 껍질로 싸서 구운 것) : パテ 파테

●● 일본 요리

- 우동 : うどん 우동
- 라면 : ラーメン 라-멘
- 문어구이 : たこ焼き 타코야키
- 일정식 : 和定食 와테이쇼쿠
- 회 : 刺身 사시미
- 닭튀김 : 唐揚げ 카라아게
- 감자고기조림 : 肉じゃが 니쿠쟈가
- 부침 : お好み焼き 오코노미야키
- 초밥 : 寿司 스시

●● 수프

- 고기 수프 : 肉スープ 니쿠스-프
- 국수가 들어간 닭고기 수프 : チキンヌドルスープ 치킨누도루스-프
- 닭고기 수프 : 鶏スープ 니와토리스-프
- 대합 잡탕 수프 : クラムチャウダー 쿠라무차우다-
- 마늘 수프 : にんにくスープ 닌니쿠스-프
- 부이용(고기를 야채, 양념과 함께 끓여 거른 맑은 수프) : ブイヨン 부이용
- 비스크(주로 새우나 닭고기, 야채 등을 사용한 진한 크림 스프) : ビスク 비스크
- 상어지느러미 수프 : サメひれスープ 사메히레스-프
- 쇠고기 야채 수프 : 牛肉野菜スープ 규우니쿠야사이스-프
- 야채 수프 : 野菜スープ 야사이스-프
- 양파 수프 : たまねぎスープ 타마네기스-프
- 조개와 생선 수프 : チャウダー 차우다-
- 차가운 야채 수프 : ガスパッチョ 가스팟쵸
- 콩 수프 : まめスープ 마메스-프
- 콩소메(맑은 수프) : コンソメ 콘소메
- 토마토 수프 : トマトスープ 토마토스-프
- 포타주(진한 수프) : ポタージュ 포타-쥬

●● 샐러드

각종 야채 샐러드 : ミックス野菜サラダ 쿠스야사이사라다

감자 샐러드 : ポテトサラダ 포테토사라다

닭고기 샐러드 : 鶏サラダ 니와토리사라다

새우 샐러드 : えびサラダ 에비사라다

시저 샐러드 : シーザーサラダ 시-자-사라다

야채 샐러드 : 野菜サラダ 야사이사라다

어패류 샐러드 : シーフードサラダ 시-후-도사라다

주방장 특선 샐러드 : シェフの特選サラダ 세후노 쿠센사라다

참치가 들어간 샐러드 : ツナサラダ 츠나사라다

토마토 샐러드 : トマトサラダ 토마토사라다

토스드 샐러드(드레싱을 친 샐러드) : 混ぜ合わせサラダ 마제아와세사라다

피클(오이절임) : ピクルス 피쿠루스

●● 메인요리

구운 소혀 요리 : 焼き牛タン料理 야키큐우탄료우리

뉴욕 스테이크 : ニューヨークステーキ 뉴-요-쿠스테-키

닭튀김 : フライドチキン 후라이도치킨

로스트 비프 : ロストビーフ 로스토비-후

로스트 치킨 : ロストチキン 로스토치킨

립 스테이크(갈비살) : リブステーキ 리부스테-키

미닛 스테이크(얇은 스테이크) : ミニットステーキ 미닛토스테-키

베이컨 : ベーコン 베-콘

브로일드 치킨 반 마리 : ブロイドチキン 부로이도치킨

뼈 달린 닭의 가슴고기 : 骨付きのブレストチキン 호네츠키노브레스토치킨

뼈가 달린 돼지 등고기 : ポークチャップ 포-쿠챳푸

뼈가 달린 양고기 : ラムチャップ 라무챳푸

샤토브리앙(최고급의 두꺼운 안심) : シャトーブリア 샤토-부리아

서로인 스테이크 : サーロインステーキ 사-로인스테-키

소시지 : ソーセージ 소-세-지

송아지 간 요리 : カーフレバ 카-후레바

송아지고기 스튜 : 子牛シチュー 코우시시츄-

쇠고기 스튜 : 牛肉シチュー 큐우니쿠시츄-

여성용의 작은 뉴욕 스테이크 : レディー向けのニューヨークーステーキ 레디-무케노 뉴-요-쿠-스테-키

최고급의 서로인 스테이크 : 最高級のサーロインステーキ 사이코우큐우노 사-로인스테-키

텐더로인 스테이크(연한 허리살) : テンダーロインステーキ 텐다-로인스테-키

파인애플이 올려진 햄 스테이크 : ハワイアンハムステーキ 하와이안하무스테-키

필레미뇽(등심) : テンダーロインミニョン 텐다-로인미뇬

햄 : ハム 하무

향 짙은 훈제 쇠고기 : パストラミ 파스토라미

●● 생선요리

(석쇠에 구운)연어 구이 : サケ焼き 사케야키

(석쇠에 구운)황새치 구이 : メカジキ焼き 메카지키야키

가리비+넙치+새우+프렌치프라이+샐러드 : フィッシャーマンのプラッタ 횟샤-만노 프랏타

가리비+프렌치프라이+양상추+토마토 : deep sea scallop 딥 시 스칼롭

게 크로켓 : カニクロケット 카니쿠로켓토

넙치 스테이크 : リハバットステーキ 리하밧토스테-키

넙치 스테이크+소스+프렌치프라이+양배추샐러드 : 焼きリハバットステーキ 야키리하밧토스테-키

부야베스(생선,조개류에 향료를 넣어 찐 요리) : ブイヤベース 부이야베-스

새우 튀김 : えびてんぷら 에비텐푸라

새우+프렌치프라이+양상추+토마토 : バタフライえび 바타후라이에비

혀가자미 뫼니에르 : シタガレイムニエル 시타가레이 무니에루

혀가자미의 마늘 소스 볶음 : シタガレイのガーリック炒め 시타가레이노 가릿쿠이타메

●● 디저트

사과 파이 : アップルパイ 압푸루파이

셔벗 : シャーベット 샤-벳토

수플레 : スフレ 스후레

슈크림 : シュークリーム 슈-쿠리-무

아이스크림 : アイスクリーム 아이스쿠리-무

초콜릿 : チョコ 쵸코

치즈 케이크 : チーズケーキ 치-즈케-키
타르트 : タルト 타루토
푸딩 : プリン 푸링
프로즌 요구르트 : フローズンヨーグルト
　　　　　　　　후로-즌 요-구루토

●●야채
가지 : なす 나스
감자 : じゃがいも 자가이모
강낭콩 : いんげんまめ 인겐마메
고구마 : さつまいも 사츠마이모
당근 : にんじん 닌진
버섯 : きのこ 키노코
브로콜리 : ブロッコリ 브롯코리
서양호박 : ズッキニ 줏키니
셀러리 : セロリ 세로리
시금치 : ほうれん草 호우렌소우
아보카도 : アボカド 아보카도
아스파라거스 : アスパラガス 아스파라가스
아티초크 : チョウセンアザミ 쵸우센아자미
양배추 : キャベツ 캬베츠
양상추 : レタス 레타스
양파 : たまねぎ 타마네기
오이 : きゅうり 큐우리
옥수수 : とうもろこし 토우모로코시
올리브 : オリーブ 오리-브
적피망 : 赤ピーマン 아카피-망
치커리 : チコリ 치코리
콜리플라워 : カリフラワー 카리후라와-
콩 : まめ 마메
토마토 : トマト 토마토
파 : ねぎ 네기
파슬리 : パセリ 파세리
푸른 완두 : グリンピース 그린피-스
피망 : ピーマン 피-망
향초 : ハーブ 하-브
호박 : かぼちゃ 카보차

●●고기
(고기가 거의 안 붙은)돼지갈비 : スペアリブ
　　　　　　　　　　　　　　스페아리브
갈비 : リブ 리브
가슴살 : ブレスト 브레스토
간 : レバー 레바-
꼬리 : しっぽ 싯포
꿩고기 : キジ 카지
날개 : ツバサ 츠바사
넓적다리 고기 : レッグ 렛구
닭 가슴살 : チキンブレスト 치킨브레스토
닭고기 : チキン 치킨
돼지고기 : 豚肉 부타니쿠
등심 : ヒレ肉 히레니쿠
새 넓적다리 고기 : 鳥のもも肉 토리노모모니쿠
소 넓적다리 고기 : 牛のもも肉 우시노모모니쿠
소 엉덩이 고기 : ランプ 람푸
송아지 : 子牛の肉 코우시노니쿠
쇠고기 : 牛肉 규우니쿠
어린 양고기 : ラム 라무
오리고기 : カモ肉 카모니쿠
저민 고기 : ひき肉 히키니쿠
칠면조 : 七面鳥 시치멘쵸우
콩팥 : 腎臓 진조우
허릿살 : 腰肉 코시니쿠
혀 : タン 탕

●●해산물
가다랭이 : カツオ 카츠오
가리비 : ホタテガイ 호타테가이
가재, 왕새우 : イセエビ 이세에비
게 : かに 카니
고등어 : サバ 사바
굴 : かき 카키
농어 : バス 바스
농어 : 淡水魚 탄스이교
농어 : 海バス 우미바스

대구 : たら 타라
대합 : あさり 아사리
도미 : フエダイ属の数種の魚 후에다이조쿠노 스이슈노 사카나
돔 : タイ 타이
메기 : ナマズ 나마즈
무지개송어 : ニジマス 니지마스
문어 : たこ 타코
바닷가재 : ロブスター、ウミザリガニ 로부스타-, 후미자리가니
뱀장어 : うなぎ 우나기
상어 : さめ 사메
성게 : うに 우니
송어 : マス 마스
식용달팽이 : エスカルゴ 오스카루고
연어 : さけ、サーモン 사케, 사-몽
연어알 : サーモンの子 사-몽노코
오징어 : いか 이카
유럽산 가자미 : ツノガレイ属 츠노가레이조쿠
은어 : アユ 아유
잉어 : こい 코이
작은 새우 : 子えび 코에비
전갱이 : コバンアジ 코반아지
전복 : あわび 아와비
정어리 : いわし 이와시
조개 : かい 카이
참새우 : テナガエビ、クルマエビ 테나가에비, 쿠루마에비
참치 : ツナ 츠나
청어 : ニシン 니신
큰 넙치 : オヒョウ、オオヒラメ 오효우, 오오히라메
혀가자미 : シタガレイ、シタビラメ 시타가레이, 시타비라메
홍합 : イガイ 이가이
황새치 : メカジキ 메카지키

● ●조리법
구운 : 焼いた 야이타
꼬챙이로 꿰어 구운 : 焼き串 야키쿠시

날것의 : なま 나마노
냉각시킨 : 冷凍させた 레이토우사세타
로스트한(오븐에 구운) : ロストした 로스토시타
마리네이드(식초,포도주,향신료를 넣은 액체)에 담근 : マリネードに漬ける 마리네-도니 츠케루
뫼니에르(생선에 밀가루와 버터를 발라 구운 프랑스식 요리법) : ムニエル 무니에루
불에 쬐어 구운 : 焼いた 야이타
뼈가 달린 : 骨付きの 호네츠키노
석쇠에 구운 : 焼いた 야이타
소테로 한(적은 기름이나 버터 등으로 살짝 튀긴) : souteed
속을 채운 : 詰めた 츠메타
스튜로 한 : シチューの 시츄-노
얇게 저민 : 薄きりの 우스키리노
양념한 : 味付けの 아지츠케노
요리에 곁들이는 것 : 付け合せるもの 츠케아와세루모노
저민 : たたき切った 타타키킷타
짓이긴 : マッシュ 맛슈
찐 : 煮た 니타
찐/삶은/데친 : 煮た 니타
캐서롤(요리한 채 식탁에 놓은 유리, 도기제 냄비)로 요리한 : 蒸し焼きなべの料理 무시야키나베노료우리
튀겨서 끓인 : あげて煮た 아게테니타
튀긴 : あげた 아게타
훈제로 한 : スモークとした 스모-쿠토시타

● ●기타
배고픈 : お腹がすいている 오나카가스이테이루
심하게 배고픈 : 飢える 우에루
배부른 : お腹が一杯である 오나카가 잇빠이데아루
취한 : 酔った 욧타
달다 : 甘い 아마이
맵다 : 辛い 카라이
짜다 : 塩辛い 시오카라이
시다 : すっぱい 슷빠이
느끼하다 : あぶらっぽい 아부랏뽀이

03 쇼핑

ショッピング・買い物
쇼핑구 카이모노

✲✲ 상점을 찾다 　売り場を探す　우리바오 사가스

근처에 백화점이 있습니까?	近くにデパートはありますか。	치카쿠니 데파-토와 아리마스카
필름을 어디서 살 수 있나요?	フィルムはどこで買えますか。	휘루무와 도코데 카에마스카
속옷은 어디에 있습니까?	下着はどこにありますか。	시타기와 도코니 아리마스카
남성복은 몇 층에 있나요?	男性の服は何階にありますか。	단세이노후쿠와 난카이니 아리마스카

✲✲ 상품을 고르다 　商品を選ぶ　쇼우힝오 에라부

무엇을 도와 드릴까요?	いらっしゃいませ。	이랏샤이마세
그냥 구경하는 겁니다.	ただ見ているだけです。	타다 미테이루다케데스
어머니께 드릴 선물을 찾고 있습니다.	母にあげるプレゼントを見ています。	하하니아게루 프레젠토오 미테이마스
이것은 어떻습니까?	これはどうですか。	코레와 도우데스카
어떤 스타일의 옷을 원하세요?	どんなスタイルの服がご入用ですか。	돈나스타이루노후쿠가 교뉴우요우데스카
쇼윈도에 진열된 것을 보여 주세요.	ショーウィンドウに陳列されているものを見せてください。	쇼우윈도우니 친레츠사레테이루모노오 미세테쿠다사이
저 셔츠를 보여 주시겠어요?	あのシャツを見せてくれませんか。	아노샤츠오 미세테쿠레마셍카
어떤 색깔이 있나요?	どんな色がありますか。	돈나이로가 아리마스카
입어 보시겠어요?	ご試着なさいますか。	고시챠쿠나사이마스카
입어 봐도 됩니까?	着てみてもいいですか。	키테미테모이이데스카
치수가 어떻게 됩니까?	サイズはおいくつでしょうか。	사이즈와 오이쿠츠데쇼우카
저에게 맞지 않습니다.	私に合いません。	와타시니아이마셍

이것이 제게 잘 맞습니다.	これが私にぴったりです。	코레가 와타시니 핏따리데스
더 큰 사이즈를 보여 주세요.	もっと大きいサイズを見せてください。 못또 오오키이사이즈오 미세테쿠다사이	
양복이 마음에 드십니까?	スーツがお気に召しましたか。	스-츠가 오키니메시마시타카
옷이 손님에게 잘 어울리네요.	服がお客様によくお似合いですね。 후쿠가 오캬쿠사마니 요쿠오니아이데스네	
마음에 드세요?	お気に召しましたか。	오키니 메시마시타가
이 스타일은 마음에 들지 않아요.	このスタイルは気に入りません。	코노스타이루와 키니이리마센
글쎄요, 저는 별로인데요.	そうですね、私はちょっと…。	소우데스네, 와타시와 춋또
이 코트는 저한테 어울리지 않아요.	このコートは私に似合いません。	코노코-토와 와타시니 니아이마센
다른 것을 보여 주시겠어요?	他のものを見せてくれませんか。	호카노모노오 미세테쿠레마센카
이것으로 검정색을 주세요.	これの黒をください。	코레노쿠로오쿠다사이
좀 더 화려한 것이 좋겠어요.	もっと派手なものがいいですが。	못또 하데나 모노가이이데스가
이것으로 할게요.	これにします。	코레니시마스
다음에 올게요.	また来ます。	마타 키마스

계산하다 計算する 케이산스루

계산은 어디서 하나요?	計算はどこでしますか。	케이산와 도코데시마스카
얼마입니까?	いくらですか。	이쿠라데스카
이 가방의 가격은 얼마입니까?	このカバンの値段はいくらですか。	코노카방노네단와 이쿠라데스카
할인해 주실 수 있습니까?	安くしていただけますか。	야스쿠시테이타다케마스카
이 할인 쿠폰을 사용할 수 있나요?	この割引クーポンは使えますか。	코노와리비키쿠-폰와 츠카에마스카
지불은 어떻게 하시겠습니까?	支払いはどうなさいますか。	니하라이와 도우나사이마스카
신용 카드로 계산할게요.	クレジットカードで計算します。	쿠레짓또카-도데 케이산시마스
개인 수표를 쓸 수 있나요?	小切手は使えますか。	고깃떼와 츠카에마스까
영수증을 주시겠어요?	レシートください。	레시-토 쿠다사이
포장해 주시겠어요?	包んでくれますか。ラッピングしてくれますか。 츠츤데쿠레마스카; 랏핑구시테쿠레마스카	

교환·환불하다
交換・払い戻す 코우칸, 하라이모도스

이것을 교환할 수 있습니까?	これは交換できますか。 코레와 코우칸데키마스카
이것을 빨간색으로 교환해 줄 수 있나요?	これを赤色に交換できますか。 코레오 아카이로니 코우칸데키마스카
이것을 환불할 수 있을까요?	これを払い戻しできますか。 코레오 하라이모도시데키마스카
무엇 때문에 그러시죠?	何かお気に召しませんでしたか？ 나니카 오키니메시마센데시타카
무엇이 문제인가요?	何かありましたでしょうか。 나니카 아리마시타데쇼우카
여기에 긁힌 자국이 있어요.	ここに引っ掻かれた跡があります。 코코니 힛까카레타아토가 아리마스
제 딸에게 너무 작습니다.	娘には小さすぎます。 무스메니와 치이사스기마스
어느 사이즈로 교환해 드릴까요?	どのサイズに交換いたしましょうか。 도노사이즈니코우칸이타시마쇼우카
6사이즈로 바꿔 주세요.	6サイズに替えてください。 로쿠사이즈니 카에테쿠다사이
죄송하지만 환불은 되지 않습니다.	すみませんが、払い戻しはできません。 스미마센가, 하라이모도시와 데키마센

단어

구매자 상담실 : 購買者相談室 코우바이샤소우단시츠	아울렛 : アウトレット 아우토렛또
남성용품 전문점 : 男性用品の専門店 단세이요우힌노센몬텐	악기점 : 楽器屋 갓키야
레코드 가게 : レコード屋 레코-도야	여성용품·속옷·장신구 가게 : 女性用品・下着・アクセサリー 죠세이요우힌, 시타기, 아쿠세사리-
문방구 : 文房具 분보우구	
백화점 : デパート 데파-토	운동용구점 : 運動用品店 운도우요우힌텐
서점 : 書店 쇼텐	음주 연령 : 飲酒年齢 인슈우넨레이
선물용품점 : プレゼント用品店 프레젠토요우힌텐	잡화점·약방 : 雑貨店・薬屋 잣까텐, 쿠스리야
쇼핑센터 : ショッピングセンター 숏핑구센타-	전기용품점 : 電気用品店 덴키요우힌텐
슈퍼마켓 : スーパー 스-파-	정육점 : 精肉店 세이니쿠텐
식료품점 : 食料品店 쇼쿠료우힌텐	주류 판매점 : 酒類販売店 슈루이한바이텐
신문·잡지 판매대 : 新聞・雑誌販売台 신분, 잣시한바이다이	철물점 : 金物屋 카나모노야

04 거리
街 마치

※ 길을 묻다 　　道を聞く 미치오키쿠

길 좀 안내해 주실래요?	道をちょっと案内してくれますか。 미치오 춋또 안나이시테쿠레마스카
실례합니다. 역이 어디 있나요?	すみませんが、駅はどこにありますか。 스미마센가、에키와 도코니아리마스카
지하철역은 어디에 있습니까?	地下鉄の駅はどこにありますか。 치카테츠노에키와 도코니아리마스카
우체국에 어떻게 하면 갈 수 있습니까?	郵便局はどうやって行きますか。 유우빈쿄쿠와 도우얏떼 이키마스카
박물관 가는 길을 알려 주시겠습니까?	博物館へ行く道を教えていただけますか。 하쿠부츠칸에 이쿠미치오 오시에테이타다케마스카
시청으로 가려면 이 길이 맞습니까?	市役所へ行く道はこれで合ってますか。 시야쿠쇼에 이쿠미치와 코레데 앗떼마스카
얼마나 멉니까?	どれくらい遠いですか。 도레쿠라이 토오이데스카
너무 감사합니다.	どうもありがとうございます。 도우모 아리가토우고자이마스
제가 있는 곳이 이 지도의 어디입니까?	私がいるところはこの地図でいうとどこですか。 와타시가 이루토코로와 코노치즈데이우토 도코데스카

※ 길을 안내하다 　　道を案内する 미치오안나이스루

곧장 가셔서 신호 있는 데서 오른쪽으로 도세요.	まっすぐ行って信号のところで右に曲がってください。 맛스구 잇떼 신고우노토코로데 미기니마갓떼쿠다사이
두 블록 죽 내려 가세요.	2つブロック先までまっすぐ降りて行ってください。 후타츠 부롯쿠사키마데 맛스구 오리테잇떼쿠다사이
두 블록 곧장 가세요.	2つブロック先までまっすぐ行ってください。 후타츠 부롯쿠사키마데 맛스구 잇떼쿠다사이
왼편에 역이 보일 겁니다.	左側に駅が見えます。 히다리가와니 에키가 미에마스
곧장 가면 보일 겁니다.	まっすぐ行くと見えます。 맛스구이쿠토 미에마스

버스로 여기에서 10분 거리입니다.	バスでここから10分かかります。 바스데 코코카라 쥿뿐카카리마스
걸어서 10분입니다.	歩いて10分です。 아루이테 쥿뿐데스
차로 10분입니다.	車で10分です。 쿠루마데 쥿뿐데스
천만에요.	どういたしまして。 도우이타시마시테
미안합니다만, 저도 이곳은 처음이어서요.	すみませんが、私もここは初めてです。 스미마센가, 와타시모 코코와 하지메테데스

※※ 기차를 타다   汽車に乗る 키샤니노루

티켓 판매소는 어디입니까?	切符売り場はどこですか。 킷뿌우리바와 도코데스카
샌디에이고로 가고 싶은데요.	サンディエゴに行きたいんですが。 산디에고니이키타인데스가
뉴욕행 1장 주세요.	ニューヨーク行きを一枚ください。 뉴-요-쿠유키오 이치마이쿠다사이
편도 티켓입니까 아니면 왕복 티켓입니까?	片道ですか、往復ですか。 카타미치데스카, 오우후쿠데스카
왕복 티켓으로 주세요. 얼마입니까?	往復をください。いくらですか。 오우후쿠오쿠다사이, 이쿠라데스카
20달러입니다.	20ドルです。 니쥬우도루데스
몇 시에 출발하나요?	何時に出発しますか。 난지니 슛빠츠시마스카
식당차가 있나요?	食堂車はありますか。 쇼쿠도우샤와 아리마스카
전체가 자유석입니까?	全体が自由席ですか。 젠타이가 지유우세키데스카
표는 언제까지 유효합니까?	切符はいつまで有効ですか。 킷뿌와 이츠마데 유우코우데스카
1주간입니다.	1週間です。 잇슈우칸데스
여기 자리 있나요?	この席空いていますか。 코노세키 아이테이마스카
얼마나 걸릴까요?	どのくらいかかりますか。 도노쿠라이카카리마스카

버스를 타다 　　バスに乗る バ스니노루

버스 정류장이 어디인가요?	バス乗り場はどこですか。	바스노리바와 도코데스카
어느 버스를 타야 합니까?	どのバスに乗らなければいけませんか。 도노바스니 노라나케레바이케마센카	
다음 버스는 언제 떠납니까?	次のバスはいつ出ますか。	츠기노바스와 이츠데마스카
공항 가는 버스가 있습니까?	空港行きのバスがありますか。	쿠우코우유키노바스가 아리마스카
이 버스가 디즈니랜드로 갑니까?	このバスはディズニーランドに行きますか。 코노바스와 디지니-란도니이키마스카	
아니오, 다른 버스를 타셔야겠네요.	いいえ、ほかのバスに乗ってください。 이이에, 호카노바스니 놋떼쿠다사이	
표부터 사야 합니까?	先に切符を買わなきゃいけませんか。 사키니 킷뿌오 카와나캬이케마센카	
아니오, 버스를 타고 지불해 주십시오.	いいえ、バスに乗って支払ってください。 이이에, 바스니 놋떼 시하랏떼쿠다사이	
환승표를 주세요.	乗り換えの切符をください。	노리카에노킷뿌오 쿠다사이
어디에서 내려야 합니까?	どこで降りなければいけませんか。	도코데 오리나케레바이케마센카
이 곳이 내릴 정거장인가요?	ここが降りる停留所ですか。	코코가 오리루테이류우죠데스카
거기에 도착하면 알려 주세요.	そこに着いたら知らせてください。	소코니 츠이타라 시라세테쿠다사이
정차 역 전에 줄을 당기세요.	停車駅の前にひもを引っ張ってください。 테이샤에키노마에니 히모오힛빳떼쿠다사이	

지하철을 타다 　　地下鉄に乗る 치카테츠니노루

근대미술관에 지하철로 갈 수 있나요?	近代美術館に地下鉄で行けますか。 킨다이비쥬츠칸니 치카테츠데 이케마스카	
표를 어디에서 삽니까?	切符はどこで買いますか。	킷뿌 도코데 카이마스카
지하철 노선도가 어디에 있나요?	地下鉄の路線図はどこにありますか。 치카테츠노 로센즈와 도코니 아리마스카	
공항행은 어느 승강장입니까?	空港行きはどの乗り場ですか。	쿠우코우유키와 도노노리바데스카

177 거리

7번 승강장입니다.	7番乗り場です。 나나반 노리바데스
차량을 갈아타야 합니까?	乗り換えなければいけませんか。 노리카에나케레바이케마센카
어디에서 갈아탑니까?	どこで乗り換えますか。 도코데 노리카에마스카
네. 킹 역에서 갈아 타십시오.	はい、キング駅で乗り換えてください。 바이, 킹구에키데 노리카에테쿠다사이
몇 정거장 가야 합니까?	いくつ目の駅で降りなければいけませんか。 이쿠츠메노에키데 오리나케레바이케마센카
한 정거장 더 가세요.	1つ目の駅で降りてください。 히토츠메노에키데 오리테쿠다사이
출구가 어디입니까?	出口はどこですか。 데구치와 도코데스카

❊❊❊ 택시를 타다 — タクシーに乗る 타쿠시-니노루

택시로 가죠.	タクシーで行きましょう。 타쿠시-데 이키마쇼우
어디에서 택시를 잡을 수 있나요?	どこでタクシーに乗れますか。 도코데 타쿠시-니노레마스카
모퉁이에 택시 승강장이 있어요.	角にタクシー乗り場があります。 카도니 타쿠시-노리바가 아리마스
트렁크를 열어 주시겠습니까?	トランクを開けてくれますか。 토랑쿠오 아케테쿠레마스카
어디로 가십니까?	どちらにいらっしゃいますか。 도치라니 이랏샤이마스카
힐튼 호텔로 가 주세요.	ヒルトンホテルに行ってください。 히루톤호테루니 잇떼쿠다사이
이 주소로 가 주세요.	この住所に行ってください。 코노쥬우쇼니 잇떼쿠다사이
빨리 가 주세요.	速く行ってください。 하야쿠잇떼쿠다사이
급하니까 지름길로 가 주세요.	急いでるので近道を使って行ってください。 이소이데루노데 치카이치오 츠캇떼잇떼쿠다사이
여기서 잠시 기다려 주세요.	ここで少し待っていてください。 코코데 스코시 맛떼이테쿠다사이
여기 내려 주세요.	ここで降ります。 코코데오리마스
여기서 세워 주시겠어요?	ここで止めてくれますか。 코코데 토메테쿠레마스카
요금이 얼마입니까?	料金はいくらですか。 료우킨와 이쿠라데스카
잔돈은 가지세요.	おつりはいいです。 오츠리와 이이데스

단 어

●● 길안내

1층 : 1階 잇까이
2층 : 2階 니까이
3층 : 3階 산가이
4층 : 4階 욘카이
거리 지도 : 街の地図 마치노치즈
경찰서 : 警察署 케이사츠쇼
곧장 : まっすぐ 맛스구
공원 : 公園 코우엔
공중전화 : 公衆電話 코우슈우뎅와
교통 신호등 : 信号 신고우
그 빌딩의 정면 : そのビルの正面 소노비루노쇼우멘
길을 가로지르다 : 道を横切る 미치오 요코기루
도로 지도 : 道路の地図 도우로노치즈
도로를 따라 내려가다 : 道路に沿って下っていく
도우로니솟때쿠닷떼이쿠
도로를 따라 올라가다 : 道路に沿って上っていく
도우로니솟떼아갓떼이쿠
박물관 : 博物館 하쿠부츠칸
버스 정류장 : バス乗り場 바스노리바
병원 : 病院 뵤우인
시청 : 市役所 시약쇼
신문·잡지 가판대 : 街頭販売台 가이토우한바이다이
여행사 : 旅行社 료코우샤
여행자 안내소 : 旅行者案内所 료코우샤안나이쇼
역 : 駅 에키
오른쪽(왼쪽)으로 돌다 : 右(左)に曲がる
미기(히다리)니 마가루
우체국 : 郵便局 유우빙쿄쿠
은행 : 銀行 긴코우
가스충전소 : ガソリンスタンド 가소린스탄도
주택가 : 住宅街 쥬우타쿠가이
중심가 : 中心街 츄우신가이
지나치다 : 通り過ぎる 토오리스기루
지하 : 地下 치카
택시 승강장 : タクシー乗り場 타쿠시-노리바
호텔 : ホテル 호테루
화장실 : お手洗い、トイレ 오테아라이, 토이레

●● 교통수단

1일 승차권 : 一日乗車券 이치니치죠우샤켄
객차 : 客車 캭샤
급행 : 急行 큐우코우
급행 열차 : 急行列車 큐우코우렛샤
기차역 : 汽車駅 키샤에키
노선도 : 路線図 로센즈
다음 정류장 : 次の乗り場 츠기노노리바
도착 : 到着 토우챠쿠
모든 역 정차 : 各駅停車 카쿠에키 테이샤
버스 : バス 바스
버스 정류장 : バス乗り場 바스노리바
버스 터미널 : バスターミナル 바스타-미나루
보통 열차 : 普通列車 후츠우렛샤
승강장 : プラットホーム 프랏또호-무
시간표 : 時刻表 지코쿠효우
식당차 : 食堂車 쇼쿠도우샤
식사를 위한 정차 : 食事のための停車
쇼쿠지노타메노테이샤
왕복 : 往復 오우후쿠
운임 : 運賃 운친
운임 선불 카드 : 運賃先払いカード
운친사키바라이카-도
전차 : 電車 덴샤
지하철 : 地下鉄 치카테츠
짐 체크 : 荷物チェック 니모츠쳇쿠
차장 : 車掌 샤쇼우
출구 : 出口 데구치
출발 : 出発 슛빠츠
침대 : ベッド 벳도
침대차 : 寝台車 신다이샤
택시 : タクシー 타쿠시-
택시 승차장 : タクシー乗り場 타쿠시-노리바
편도 : 片道 카타미치
표 : 切符 킷뿌
하물 보관증 : 貨物保管証 카모츠호칸쇼우
환승권 : 乗換券 노리카에켄
휴식을 위한 정차 : 休憩のための停車 큐우케이노타메
노테이샤
…행 : …行き 유키

05 전화 電話 뎅와

✱ 전화를 받다　電話を受ける 뎅와오 우케루

전화예요!	お電話です。	오뎅와데스
전화가 울리고 있어요!	電話が鳴っています。	뎅와가 낫떼이마스
전화 좀 받아 줄래?	電話にちょっと出てくれる？	뎅와니 춋또 데테쿠레루
나는 지금 전화를 받을 수가 없어.	私は今電話に出ることができない。	와타시와 이마 뎅와니 데루코토가 데키나이
내가 받을게.	私が出る。	와타시가 데루
우일사입니다. 무슨 일이십니까?	ウイル社でございます。ご用件は？	우이루샤데고자이마스. 고요우켄와？
여보세요, 아베상입니다.	もしもし。阿部さんです。	모시모시. 아베상데스
누구 전화야?	誰からの電話？	다레카라노뎅와
캐나다에서 온 국제전화입니다.	カナダからの国際電話です。	카나다카라노 콕사이뎅와데스
자동응답전화가 켜져 있습니까?	留守番電話がオンになっていますか。	루스반뎅와가 온니낫떼이마스카

✱ 전화를 걸다　電話をかける 뎅와오카케루

이 전화 써도 됩니까?	この電話使ってもいいですか。	코노뎅와 츠캇떼모이이데스카
물론 됩니다.	もちろんいいです。	모치론이이데스
여보세요?	もしもし。	모시모시
아베상 부탁합니다.	阿部さんお願いします。	아베상 오네가이시마스
후쿠야마상과 통화할 수 있나요?	福山さんと電話できますか。	후쿠야마상토 뎅와데키마스카
민수 있나요?	ミンスいますか。	민수이마스카
누구세요?	どなたですか。	도나타데스카

성함을 여쭤 봐도 될까요?	お名前を聞いてもよろしいですか。	오나마에오 키이테모 요로시이데스카
저는 앤입니다.	私はエンです。	와타시와 엔데스
저는 김입니다.	私は金です。	와타시와 키무데스
'블루'의 'B'입니까?	'ブルー'の'B'ですか。	부루-노 비데스카
내선 211번으로 연결해 주세요.	内線２１１番につないでください。	나이센 니이치이치반니 츠나이데 쿠다사이

전화를 바꿔 주다　電話をかわる 덴와오카와루

잠시만 기다려 주세요.	少々お待ちください。	쇼우쇼우오마치쿠다사이
잠시 기다리세요.	ちょっと待ってください。	춋토 맛떼쿠다사이
잠시 기다리시겠어요?	少々お待ちいただけますか。	쇼우쇼우오마치이타다케마스카
아베상을 바꾸겠습니다.	阿部さんにかわります。	아베상니 카와리마스
한선이를 불러올게요.	ハンソニを呼んできます。	한소니오 욘데키마스
연결해 드릴게요.	おつなぎいたします。	오츠나기이타시마스
전화를 돌려 드리겠습니다.	電話をお回しいたします。	덴와오 오마와시이타시마스
후쿠야마, 네 전화야.	福山、あなたに電話。	후쿠야마, 아나타니 덴와
아키모토상에게서 전화가 와 있어.	秋元さんら電話がかかってきてるよ。	아키모토상라 덴와가 카캇떼키테루요
하나사의 김씨 전화예요.	ハナ社の金さんのお電話です。	하나샤노키무상노 오덴와데스
1번에 전화가 와 있어요.	１番のお電話です。	이치반노 오덴와데스
영업부는 다른 번호입니다.	営業部は番号が違います。	에이교우부와 반고우가 치가이마스

전화를 받을 수 없다　電話に出られない 덴와니 데라레나이

죄송합니다. 지금 자리에 안 계시는데요.	すみません。今席をはずしております。	스미마센. 이마 세키오 하즈시테오리마스
점심 드시러 나가셨는데요.	昼休みですが。	히루야스미데스가

그녀는 언제 돌아오나요?	彼女はいつ戻りますか。	카노죠와 이츠 모도리마스카
금방 돌아올 거예요.	すぐ戻ると思いますが。	스구 모도루토 오모이마스가
오늘은 돌아오지 않을 거예요.	今日は戻ってこないと思います。	쿄우와 모돗떼코나이토오모이마스
휴가 중입니다.	休み中です。	야스미츄우데스
지금 다른 전화를 받고 계십니다.	今他の電話に出ています。	이마 호카노뎅와니 데테이마스
죄송하지만, 지금 통화중인데요.	すみませんが、今通話中ですが。	스미마센가, 이마 츠우와츄우데스가
계속 기다리실래요?	このままお待ちになりますか。	고노마마 오마치니나리마스카
메모를 전해 드릴까요?	メモをお伝えしましょうか。	메모오 오츠타에시마쇼우카
메모를 남겨도 될까요?	メモを残してもいいですか。	메모오 노코시테모이이데스카
메시지 좀 전해 주시겠습니까?	メッセージをちょっと伝えていただけませんか。	멧세-지오 춋또 츠타에테 이타다케마센카
코우노상이 전화했었다고 그에게 전해 주세요.	幸野さんから電話があったと彼に伝えてください。	코우노상카라 뎅와가 잇따토 카레니 츠타에테 쿠다사이
돌아오면 김에게 전화해 달라고 해 주십시오.	戻ってきたら金に電話するように伝えてください。	모돗떼키타라 키무니 뎅와스루요우니 츠타에테쿠다사이
나중에 걸겠습니다.	また後でかけます。	마타 아토데 카케마스
나중에 다시 걸겠습니다. 감사합니다.	また後でかけます。ありがとうございます。	마타 아토데 카케마스. 아리가토우고자이마스

✱✱ 잘못 걸었다　　かけまちがえた　카케마치가에타

아베상이라는 사람은 여기 없습니다.	阿部さんという人はここにいません。	아베상토이우 히토와 코코니이마센
미스터 김이라는 사람은 여기 없는데요.	ミスター金という人はいませんが。	미스타-키무토이우히토와 이마센가
몇 번으로 거셨나요?	何番におかけになりましたか。	난반니 오카케니나리마시타카
잘못 거셨습니다.	番号をお間違えのようです。	반고우오 오마치가에노요우데스
잘못 걸었습니다.	かけまちがえました。	카케마치가에마시타

죄송합니다. 번호를 틀리게 걸었습니다.	すみません、番号を間違えました。 스미마센、반고우오 마치가에마시타
전화번호를 알려 주시겠습니까?	電話番号を教えてくださいますか。 덴와반고우오 오시에테쿠다사이마스카
제 전화번호는 123-4560입니다.	私の電話番号は１２３－４５６０です。 와타시노덴와반고우와 이치니산노 욘고로쿠제로데스

전화를 끊다　　電話を切る 덴와오 키루

이제 끊어야겠다.	もう切らなきゃ。 모우 키라나캬
통화해서 좋았어.	電話で話せてよかった。 덴와데 하나세테요캇따
전화 줘서 고마워.	電話してくれてありがとう。 덴와시테쿠레테 아리가토우
다시 전화 줘서 고마워요.	また電話してくれてありがとうございます。 마타 덴와시테쿠레테 아리가토우고자이마스
지금은 바빠서 나중에 전화할게요.	今は忙しいので後で電話します。 이마와 이소가시이노데 아토데 덴와시마스

단 어

교환수 : **交換手** 코우칸슈		잘못 걸다 : **かけまちがえる** 카케마치가에루	
국가번호 : **国番号** 쿠니반고우		장거리 통화 : **長距離電話** 쵸우쿄리덴와	
끊기다 : **切れる** 키레루		전송하다 : **転送する** 텐소우스루	
끊다 : **切る** 키루		전화를 걸다 : **電話をかける** 덴와오 카케루	
끊지 않고 기다리다 : **切らないで待つ** 키라나이데 마츠		전화를 다시 걸다 : **電話を再びかける** 덴와오 후타타비 카케루	
내선(번호) : **内線（番号）** 나이센 (반고우)		전화번호부 : **電話帳** 덴와쵸우	
대답하다 : **答える** 코타에루		지명통화 : **指名通話** 시메이츠우와	
무료통화번호 : **無料通話番号** 무료우츠우와반고우		지역번호 : **地域番号** 치이키반고우	
시내통화 : **市内通話** 시나이츠우와		콜렉트 콜 : **コレクトコール** 코레쿠토코-루	
연결하다 : **つなぐ** 츠나구		통화중 : **通話中** 츠우와츄우	
외선 : **外線** 가이센		틀린 번호 : **間違った番号** 마치갓따 반고우	
자동응답전화기 : **留守番電話機能付き電話機** 루스반덴와 키노우츠키 덴와키			

06 날씨 天気 [텡키]

❈❈ 날씨에 대해　　天気について [텡키니 츠이테]

오늘 날씨는 어때요?	今日の天気はどうですか。 쿄우노 텡키와 도우데스카
온도가 몇 도야?	温度は何度なの？ 온도와 난도나노?
오늘 일기예보는 어때요?	今日の天気予報はどうですか。 쿄우노 텡키요호우와 도우데스카
이 날씨가 계속될 것 같습니까?	この天気が続くと思いますか。 코노텡키가 츠즈쿠토 오모이마스카
그쪽 날씨는 어때요?	そちらの天気はどうですか。 소치라노 텡키와 도우데스카
일기예보가 틀렸어요.	天気予報が間違っていました。 텡키 요호우가 마치갓떼이마시타

❈❈ 날씨가 좋다　　天気がいい [텡키가 이이]

날씨 좋군요, 그렇죠?	天気がいいですね。そうでしょう。 텡키가 이이데스네, 소우데쇼우?
날씨 좋지 않아요?	天気がいいと思いませんか。 텡키가 이이토 오모이마셍카
오늘 날씨 좋네요, 그렇죠?	今日は天気がいいですね。そうでしょう。 쿄우와 텡키가 이이데스네, 소우데쇼우
정말 햇빛 찬란한 날이네요.	本当に太陽の光がまぶしい日ですね。 혼토우니 타이요우노 히카리가 마부시이히데스네
좋은 날씨가 계속되는군요.	いい天気が続きますね。 이이텡키가 츠즈키마스네
최근에는 날씨가 계속 좋아요.	最近は天気がずっといいです。 사이킹와 텡키가 즛또 이이데스
이런 날씨가 계속되면 좋겠어요.	こんな天気が続くといいですね。 콘나 텡키가 츠즈쿠토이이데스네
오늘 오후는 갤 것 같아요.	今日の午後は晴れると思います。 쿄우노고고와 하레루토오모이마스
오늘 오후는 날씨가 갤 거라고 생각해요?	今日の午後は晴れると思いますか。 쿄우노고고와 하레루토 오모이마스카
내일은 맑아야 될 텐데.	明日は晴れてほしいんだけど。 아시타와 하레테호시인다케도

내일은 맑을 거라고 생각해요.	明日は晴れると思います。	아시타와 하레루토오모이마스
일기예보에 의하면 내일은 맑대요.	天気予報によると明日は晴れそうです。	텐키 요호우니요루토 아시타와 하레루소우데스
1주일 만에 개네요.	1週間ぶりに晴れますね。	잇슈우칸부리니 하레마스네

❋❋ 날씨가 우중충하다　暗くてじめじめした天気 쿠라쿠테 지메지메시타 텐키

날씨가 궂어요.	天気が悪いです。	텐키가 와루이데스
날이 흐려졌어요.	曇ってきました。	쿠못떼키마시타
갑자기 흐려졌어요.	急に曇ってきました。	큐우니 쿠못떼키마시타
하늘이 어두워졌어요.	空が暗くなりました。	소라가 쿠라쿠나리마시타
비가 내릴 것 같군요, 그렇죠?	雨が降りそうですね。そうでしょう？	아메가 후리소우데스네, 소우데쇼우
태양이 나와야 할 텐데.	太陽が出てほしいんだけど。	타이요우가 데테호시인다케도

❋❋ 날씨가 나쁘다　天気が悪い 텐키가 와루이

지독한 날씨네요?	とてもひどい天気ですね。	토테모 히도이 텐키데스네
요즈음 날씨가 불안정하군요.	最近天気が不安定ですね。	사이킨 텐키가 후안테이데스네
아무래도 날씨가 나빠지는군요.	やはり天気が悪くなりますね。	야하리 텐키가 와루쿠나리마스네
도무지 날씨가 회복될 기미가 안 보이네요.	天気が回復する気配が全く見られませんね。	텐키가 카이후쿠스루케하이가 맛따쿠 미라레마센네
아무래도 날씨가 회복될 것 같아요.	やはり天気が回復するようです。	야하리 텐키가 카이후쿠스루요우데스
날씨는 점차 좋아지고 있습니다.	天気はだんだんよくなっています。	텐키와 단단요쿠 낫떼이마스
천둥이 치고 있습니다.	雷が鳴っています。	카미나리가 낫떼이마스
천둥이 심하네 치네요!	雷がひどく鳴っていますね。	카미나리가 히도쿠 낫떼이마스네
번개가 쳐요.	いなずまが走っています。	이나즈마가 하싯떼이마스

상황에 따라 표현하다

날씨

멀리서 번개가 쳤어요.	遠くからいなずまが走りました。 토오쿠카라 이나즈마가 하시리마시타
벼락이 가까이에 떨어졌어요.	雷が近くに落ちました。 카미나리가 치카쿠니 오치마시타
안개가 심하군요.	きりがひどいですね。 키리가 히도이데스네
안개 때문에 아무것도 안 보입니다.	きりのせいで何も見えません。 키리노세이데 나니모 미에마센
이 안개는 금방 걷힐 겁니다.	このきりはすぐに晴れるでしょう。 코노키리와 스구니 하레루데쇼우
지면은 서리 때문에 새하얗습니다.	地面は霜で真っ白です。 지멘와 시모데 맛시로데스
오늘 아침은 서리가 심하게 내렸어요.	今朝はひどく霜が降りました。 케사와 히도쿠 시모가 후리마시타

❄❄ 비가 내리다　　雨が降る 아메가 후루

오늘 비가 올까?	今日雨が降るか？ 쿄우 아메가 후루카
금방이라도 내릴 것 같아요.	すぐでも降りそうですね。 스구데모 후리소우데스네
구름을 보니 금방이라도 비가 내릴 것 같네요.	雲を見ると、すぐにでも雨が降りそうですね。 쿠모오미루토 스구니데모 아메가 후리소우데스네
오늘 오후에는 비가 내릴 것 같아요.	今日の午後は雨が降りそうですね。 쿄우노고고와 아메가 후리소우데스네
오늘 오후에는 소나기가 내릴 것 같은 느낌이 들어요.	今日の午後はにわか雨が降りそうな気がします。 쿄우노고고와 니와카아메가 후리소우나키가 시마스
비가 뚝뚝 내리기 시작했어요.	雨がぱらぱらと降り始めました。 아메가 파라파라토 후리하지메마시타
비가 내리기 시작했어요.	雨が降り始めました。 아메가 후리하지메마시타
밖에는 비가 내리고 있습니다.	外は雨が降っています。 소토와 아메가 훗떼이마스
장대비가 내려요.	雨車軸のごとしです。 아메샤지쿠노고토시데스
비를 피합시다.	雨を避けましょう。 아메오 사케마쇼우
비가 내렸다 그쳤다 하고 있습니다.	雨が降ったり止んだりしています。 아메가 훗따리 얀다리시테이마스
비가 그치면 좋을 텐데.	雨が止むといいのに。 아메가 야무토이이노니
이 비는 금방 그칠 겁니다.	この雨はすぐ止むと思います。 코노아메와 스구 야무토오모이마스

비가 그칠 것 같습니다.	雨が止みそうですね。	아메가 야미소우데스네
비가 그쳤습니다.	雨が止みました。	아메가 야미마시타
비가 그칠 것 같은 기미가 안 보이네요.	雨が止みそうな気配が見られませんね。	아메가 야미소우나케하이가 미라레마센네
오랫동안 비가 안 내립니다.	長い間雨が降りません。	나가아이다 아메가 후리마센
장마철이 되었어요.	梅雨になりました。	츠유니 나리마시타

✳✳ 눈이 내리다　　雪が降る　유키가 후루

눈이 내릴 것 같습니다.	雪が降りそうです。	유키가 후리소우데스
눈이 가볍게 내리고 있습니다.	雪が少しずつ降っています。	유키가 스코시즈츠 훗떼이마스
눈이 드문드문 내리기 시작했습니다.	雪がところどころ降り始めました。	유키가 토코로도코로 후리하지메마시타
눈이 펄펄 내리고 있습니다.	雪がひらひら降っています。	유키가 히라히라 훗떼이마스
눈이 심하게 내리고 있습니다.	雪がひどく降っています。	유키가 히도쿠 훗떼이마스
비가 섞인 눈이 내리고 있습니다.	雨まじりの雪が降っています。	아메마지리노유키가 훗떼이마스
비가 눈으로 변해 버렸습니다.	雨が雪に変わりました。	아메가 유키니 카와리마시타
이 주변은 겨울에 눈이 많이 와요.	この辺りは冬に雪がたくさん降ります。	코노아타리와 후유니 유키가 탁상 후리마스

✳✳ 바람이 불다　　風が吹く　카제가 후쿠

바람이 일고 있습니다.	風が吹いています。	카제가 후이테이마스
바람이 잔잔해졌습니다.	風が静まってきました。	카제가 시즈맛떼키마시타
바람이 그쳤습니다.	風が止みました。	카제가 야미마시타
오늘은 바람이 강하군요. 그렇죠?	今日は風が強いですね。そうでしょう。	쿄우와 카제가 초요이데스네. 소우데쇼우
밖에는 바람이 전혀 없습니다.	外は風が全然ありません。	소토와 카제가 젠젠 아리마센

바람은 북쪽에서 불어 옵니다.	風は北から吹いてきます。 카제와 키타카라 후이테키마스
바람이 약간 동쪽으로 바뀌어 가고 있습니다.	風向きが若干東の方に変わって向かっています。 카제무키가 젓깐 히가시노호우니 카왓떼 무캇떼이마스
바람이 동쪽으로 바뀌었습니다.	風向きが東の方に変わりました。 카제무키가 히가시노호우니 카와리마시타
한차례 비가 내릴 것 같은 바람이군요.	ひとしきり雨が降りそうな風ですね。 히토시키리 아메가 후리소우나 카제데스네

❄ 덥다　　暑い 아츠이

점점 더워지고 있어요.	どんどん暑くなっています。 돈돈 아츠쿠낫떼이마스
정말 덥군요. 그렇지 않아요?	本当に暑いですね。そうじゃありませんか。 혼토우니 아츠이데스네. 소우쟈아리마센카
굉장히 덥네.	とても暑いですね。 토테모 아츠이데스네
찌는 듯이 덥군요. 그렇죠?	蒸し暑いですね。そうでしょう。 무시아츠이데스네. 소우데쇼우
못 견딜 정도로 덥습니다.	絶えられないほど暑いですね。 타에라레나이호도 아츠이데스네
정말 무더운 날이네요.	本当に暑い日ですね。 혼토우니 아츠이히데스네
방이 덥지 않습니까?	部屋は暑くありませんか。 헤야와 아츠쿠아리마센카
이 시기치고는 너무 덥군요.	この時期にしてはとても暑いですね。 코노지키니시테와 토테모 아츠이데스네
저는 땀에 흠뻑 젖었어요.	私はびっしょりと汗をかきました。 와타시와 빗쇼리토 아세오 카키마시타
이 더위가 언제까지 계속될까?	この暑さがいつまで続くんだろう。 코노아츠사가 이츠마데 츠즈쿤다로우

❄ 춥다　　寒い 사무이

| 오늘은 좀 쌀쌀해요. | 今日はちょっと寒いです。 쿄우와 춋또 사무이데스 |
| 오늘은 춥네요. 그렇지 않나요? | 今日は寒いですね。そうじゃありませんか。 쿄우와 사무이데스네. 소우쟈아리마센카 |

살을 에는 듯 춥군요. 그렇죠?	身を切るような寒さですね。そうでしょう？ 미오 키루요우나 사무사데스네. 소우데쇼우
봄치고는 춥군요.	春にしては寒いですね。 하루니시테와 사무이데스네
날이 갈수록 추워지는군요.	日を重ねるごとに寒くなりますね。 히오 카사네루고토니 사무쿠나리마스네
몸이 어는 것 같아요.	体が凍るようです。 카라다가 코오루요우데스
저는 추워서 덜덜 떨리고 있어요.	私は寒くてぶるぶる震えています。 와타시와 사무쿠테 부루부루 후루에테이마스
저는 뼛속까지 추워요.	私は骨の芯まで寒いです。 와타시오 호네노신마데 사무이데스
추워졌습니다.	寒くなりました。 사무쿠나리마시타
올 겨울 추위는 유난스럽군요.	今年の冬の寒さはひときわですね。 코토시노후유노 사무사와 히토키와데스네
추위도 많이 누그러졌어요.	寒さもだいぶ和らいできました。 사무사모 다이부 야와라이데키마시타

단 어

- 갠 : 晴れの 하레노
- 건조한 : 乾燥した 칸소우시타
- 기온 : 気温 키온
- 기후 : 気候 키코우
- 날씨 : 天気 텐키
- 뇌우 : 雷雨 라이우
- 눈(이 내리다) : 雪（が降る） 유키가 후루
- 비(가 내리다) : 雨（が降る） 아메가 후루
- 습한 : じめじめする 지메지메스루

- 쌀쌀한 : はだ寒い 하다사무이
- 얼 것 같은 : 凍るような 코오루요우나
- 온난한 : 暖かい 아타타카이
- 우기 : 雨期 우키
- 일기예보 : 天気予報 텐키요호우
- 천둥 : 雷 카미나리
- 태풍 : 台風 타이후우
- 흐린 : 曇る 쿠모루

07 병·부상 病気・けが 뵤우키 케가

✱ 병원에 가고 싶다   病院に行きたい 뵤우인니 이키타이

가까운 곳에 병원이 있습니까?	近くに病院はありますか。	치카쿠니 뵤우인와 아리마스카
진료 예약을 하고 싶습니다.	診察予約をしたいです。	신사츠요야쿠오 시타이데스
친구가 쓰러져서 의식이 없습니다.	友達が倒れて意識がありません。	토모다치가 타오레테 이시키가 아리마센

✱✱ 아프다   痛い 이타이

몸이 안 좋습니다.	体の調子が悪いです。	카라다노초우시가 와루이데스
감기에 걸린 것 같습니다.	風邪を引いたようです。	카제오 히이타요우데스
목이 아픕니다.	のどが痛いです。	노도가 이타이데스
음식을 먹으면 목이 아픕니다.	物を食べるとのどが痛いです。	모노오 타베루토 노도가 이타이데스
침을 삼키는 것만으로도 목이 아픕니다.	唾を飲み込むだけでものどが痛いです。	츠바오 노미코무다케데모 노도가 이타이데스
목에 불쾌감이 있습니다.	のどに不快感があります。	노도니 후카이칸가 아리마스
기침이 나옵니다.	咳が出ます。	세키가 데마스
기침을 할 때마다 목이 따끔따끔합니다.	咳をするたびにのどがちくっとします。	세키오 스루타비니 노도가 치쿳또시마스
머리가 아파요.	頭が痛いです。	아타마가 이타이데스
두통이 심합니다.	頭痛がひどいです。	즈츠우가 히도이데스
머리가 쪼개질 듯 아픕니다.	頭が割れるように痛いです。	아타마가 와레루요우니 이타이데스
두통 때문에 항상 고생입니다.	頭痛のせいでいつも苦しんでいます。	즈츠우노세이데 이츠모 쿠루신데이마스

| 관절이 아픕니다. | 関節が痛いです。 칸세츠가 이타이데스 |
| 등이 뻣뻣합니다. | 背中が硬いです。 세나카가 카타이데스 |

❋❋ 열이 있다   熱がある 네츠가 아루

오늘 아침, 체온을 쟀습니다.	今朝、体温を計りました。 케사, 타이온오 하카리마시타
열이 있습니다.	熱があります。 네츠가 아리마스
지난 3일 동안 미열이 있었습니다.	この3日間、微熱がありました。 코노밋까깐, 비네츠가 아리마시타
지금은 열은 없습니다.	今は熱はありません。 이마와 네츠와 아리마셍
밤이 되면 열이 있습니다.	夜になると熱があります。 요루니나루토 네츠가 아리마스
열이 있는 것 같습니다.	熱があるようです。 네츠가 아루요우데스
38도의 열이 있습니다.	38度の熱があります。 산쥬우하치도노 네츠가 아리마스

❋❋ 속이 안 좋다   お腹の具合が悪い 오나카노구아이가 와루이

복통이 일어났습니다.	腹痛がし始めました。 후쿠츠우가 시하지메마시타
식욕이 전혀 없습니다.	食欲がぜんぜんありません。 쇼쿠요쿠가 젠젠 아리마셍
가슴앓이 증상이 있습니다.	胸痛症状があります。 쿄우츠우쇼우죠우가 아리마스
위가 무거운 느낌입니다.	胃が重い感じがします。 이가 오모이칸지가 시마스
위가 콕콕 쑤십니다.	胃がちくちく痛みます。 이가 치쿠치쿠 이타미마스
식후에 위가 아픕니다.	食後は胃が痛いです。 쇼쿠고와 이가 이타이데스
토할 것 같습니다.	吐きそうです。 하키소우데스
먹으면 토해 버립니다.	食べると吐いてしまいます。 타베루토 하이테시마이마스
어젯밤, 먹은 것을 토해냈습니다.	昨晩、食べたものを吐きました。 사쿠반, 타베타모노오 하키마시타
최근에 폭음폭식을 하고 있습니다.	最近暴飲暴食をしています。 사이킨 보우인보우쇼쿠오시테이마스
위가 팽팽해진 느낌이 듭니다.	胃がぱんぱんに張っている感じがします。 이가 판판니 핫떼이루칸지가 시마스

7 PART 상황에 따라 표현하다

병・부상

2,3일 동안 배변이 없습니다.	2，3日の間、排便がありません。 니, 산니치노아이다, 하이벤가 아리마셍
설사를 합니다.	下痢が止まりません。 게리가 토마리마셍

✻ 이가 아프다　　歯が痛い 하가 이타이

치통입니다.	歯が痛いです。 하가 이타이데스
식사를 하면 쿡쿡 쑤셔요.	食事をするときりきり痛みます。 쇼쿠지오 스루토 키리키리 이타미마스
찬 음식을 먹으면 이가 시려요.	冷たい食べものを食べると歯にしみます。 츠메타이 타베모노오 타베루토 하니 시미마스
1주일 전 쯤부터 아프기 시작했어요.	1週間前ぐらいから痛み始めました。 잇슈우칸마에구라이카라 이타미하지메마시타
이가 아파서 밤에 잠을 잘 수 없어요.	歯が痛くて夜寝られません。 하가이타쿠테 요루네라레마셍
충치가 하나 있습니다.	虫歯が一つあります。 무시바가 히토츠아리마스
충치가 두 개예요.	虫歯が二つです。 무시바가 후타츠아리마스
이 치아가 흔들거려요.	この歯がぐらぐらします。 코노하가 구라구라시마스
이 이빨의 충전재가 떨어져 나갔어요.	この歯の詰め物が取れてしまいました。 코노하노츠메모노가 토레테시마이마시타
넘어져서 이빨이 부러졌어요.	転んで歯が折れました。 코론데 하가 오레마시타
잇몸이 부어서 음식을 씹을 수 없어요.	歯茎が腫れて食べ物を噛むことができません。 하구키가 하레테 타베모노오 카무코토가 데키마셍

✻ 귀가 이상하다　　耳がおかしい 미미가 오카시이

귀가 울립니다.	耳鳴りがします。 미미나리가 시마스
왼쪽 귀에 통증이 있습니다.	左耳に痛みがあります。 히다리미미니 이타미가 아리마스
작은 벌레가 오른쪽 귀에 들어가 있는 것 같아요.	小さな虫が右耳に入っているみたいです。 치이사나무시가 미기미미니 하잇떼이루미타이데스

❈ 눈이 아프다 　目が痛い 메가 이타이

눈이 가렵습니다.	目がかゆいです。	메가 카유이데스
눈이 아픕니다.	目が痛いです。	메가 이타이데스
오른쪽 눈이 따끔따끔 쑤십니다.	右の目がちくちく痛みます。	미기노메가 치쿠치쿠이타미마스
왼쪽 눈에 뭐가 들어간 것 같습니다.	左の目になんか入ったようです。	히다리노메가 난카 하잇따요우데스
사물이 이중으로 보입니다.	物が二重に見えます。	모노가 니쥬우니미에마스
눈이 금방 피곤해집니다.	目がすぐ疲れます。	메가 스구 츠카레마스

❈ 다쳤다 　怪我した 케가시타

벌레에 뺨을 물렸습니다.	虫に頬を刺されました。	무시니 호우오 사사레마시타
개한테 물렸습니다.	犬にかまれました。	이누니카마레마시타
자동차 사고로 팔이 부러졌습니다.	交通事故で腕が折れました。	코우츠우지코데 우데가 오레마시타
몸에 발진이 생겼습니다.	体に発疹ができました。	카라다니 핫신가 데키마시타
유리 조각에 손을 베었습니다.	ガラスの破片に手を切られました。	가라스노하헨데 테오 키라레마시타
상처가 덧났습니다.	傷がぶり返しました。	키즈가 부리카에시마시타
오른쪽 발에 화상을 입었습니다.	右の足に火傷をしました。	미기노아시니 야케도오 시마시타

❈ 피로하다 　疲れる 츠카레루

최근에 쉽게 피곤해집니다.	最近よく疲れます。	사이킨 요쿠 츠카레마스
몸이 늘어집니다.	体がくたくたです。	카라다가 쿠타쿠타데스

상황에 따라 표현하다

병・부상

✱ 진찰하다 　診察する 신사츠루

어디가 아프십니까?	どうしましたか。; どこが痛いですか。 도우시마시타카 ; 도코가 이타이데스카
목을 좀 봅시다.	のどをちょっと見せてください。 노도오 촛또 미세테 쿠다사이
편도선이 부었고 매우 빨갛습니다.	扁桃腺が腫れてとても赤いです。 헨토우센가 하레테 토테모 아카이데스
이건 유행하는 감기인 거 같군요.	これは流行りの風邪のようですね。 코레와 하야리노카제노요우데스네
어느 정도면 나을까요?	どのぐらいで治りますか。 도노구라이데 나오리마스카
통증의 원인은 뭡니까?	痛みの原因は何ですか。 이타미노겐인와 난데스카
이 약을 먹고 하루 정도 푹 자면 바로 나을 겁니다.	この薬を飲んで1日ほどゆっくり寝ればすぐによくなります。 코노쿠스리오 논데 이치니치호도 윳쿠리 네레바 스구니 요쿠나리마스

단 어

● ● 신체 각 부분의 명칭

- 가슴 : 胸 무네
- 겨드랑이 : 脇 와키
- 관자놀이 : こめかみ 코메카미
- 귀 : 耳 미미
- 넓적다리 : 太もも 후토모모
- 눈 : 目 메
- 눈썹 : 眉毛 마유게
- 등 : 背中 세나카
- 머리 : 頭 아타마
- 명치 : みぞおち 미조오치
- 목 : 首 쿠비
- 목구멍 : 喉 노도
- 무릎 : 膝 히자
- 발 : 足 아시
- 발뒤꿈치 : 踵 카카토
- 발목 : 足首 아시쿠비
- 배 : お腹 오나카
- 배꼽 : へそ 헤소
- 뺨 : 頬 호오
- 손 : 手 테
- 손가락 : 指 유비
- 손목 : 手首 테쿠비
- 심장 : 心臓 신조우
- 아랫배 : 下っ腹 시탓빠라
- 어깨 : 肩 카타
- 엉덩이 : 尻 시리
- 위 : 胃 이
- 이마 : おでこ 오데코
- 이빨 : 歯 하
- 입 : 口 쿠치
- 장 : 腸 쵸우
- 정강이 : 脛 스네
- 종아리 : ふくらはぎ 후쿠라하기
- 코 : 鼻 하나
- 턱 : 顎 아고
- 팔 : 腕 우데
- 팔꿈치 : 肘 히지

폐 : 肺 하이
피부 : 肌 하다
허리 : 腰 코시

● ● 병원용어
가루약 : 粉薬 코나구스리
감기약 : 風邪薬 카제구스리
감염 : 感染 칸센
과립 : 顆粒 카류우
급성의 : 急性の 큐우세이노
내시경 : 内視鏡 나이시쿄우
당의정 : 糖衣錠 토우이죠우
마취 : 麻酔 마스이
만성의 : 慢性の 만세이노
맥 : 脈 먀쿠
변비약 : 便秘薬 벤피구스리
병원 : 病院 뵤우인
살균 : 殺菌 삿낀
소변 검사 : 尿検査 뇨우켄사
소화제 : 消化剤 쇼우카자이
수면제 : 睡眠剤 스이민자이
수술 : 手術 슈쥬츠
수혈 : 輸血 유케츠
아스피린 : アスピリン 아스피린
안약 : 目薬 메구스리
알레르기 : アレルギー 아레루기ー
앰플 : アンプル 암푸루

약품 : 薬品 야쿠힌
열 : 熱 네츠
외래 환자 : 外来患者 가이라이칸쟈
용제 : 水薬 스이야쿠
응급 접수 : 応急受付 오우큐우우케츠케
입원료 : 入院料 뉴우인료우
절대 안정 : 絶対安定 젯타이안테이
정밀검사 : 精密検査 세이미츠켄사
정제 : 錠剤 쵸우자이
좌약 : 座薬 자야쿠
주사 : 注射 츄우샤
증상 : 症状 쇼우죠우
지혈제 : 止血剤 시케츠자이
진찰 : 診察 신사츠
진찰료 : 診察料 신사츠료우
질병 : 疾病・病気 싯뻬이, 뵤우키
체온 : 体温 타이온
치료 : 治療 치료우
타진 : 打診 다신
퇴원 : 退院 타이인
한방약 : 漢方薬 칸포우야쿠
해독 : 解毒 게도쿠
혈압 : 血圧 케츠아츠
혈청 : 血清 켓세이
호흡 : 呼吸 코큐우
회복 : 回復 카이후쿠

08 사고 事故 지코

✱✱ 도움을 청하다   助けを求める 타스케오 모토메루

사람 살려!	助けて！ 타스케테
불이야!	火事だ。 카지다
도둑이야!	泥棒だ。 도로보우다
살려 주세요.	助けてください。 타스케테 쿠다사이
저 놈 잡아라!	あいつを捕まえろ！ 아이츠오 츠카마에로
제발 도와 주세요!	どうか助けてください！ 도우카 타스케테쿠다사이
당신 도움이 필요해요.	あなたの助けが必要です。 아나타노타스케가 히츠요우데스
어떻게 해야 할 지 모르겠어요.	どうすればいいか分かりません。 도우스레바 이이카 와카리마센
긴급 상황입니다.	緊急状況です。 킨큐우죠우쿄우데스
너무나 곤란한 상황이에요.	とても困難な状況です。 토테모 콘난나 죠우쿄우데스
급해요.	急いでいます。 이소이데이마스
무슨 문제가 있습니까?	どうしましたか。 도우시마시타카

✱✱ 사고에 대해   事故について 지코니 츠이테

제 지갑을 도난당했습니다.	私の財布を盗まれました。 와타시노사이후오 누스마레마시타
제 친구가 사라졌습니다.	私の友達がいなくなりました。 와타시노토모다치가 이나쿠나리마시타
교통사고 신고를 하려 합니다.	交通事故の申告をしたいんです。 코우츠우지코노 신코쿠오 시타인데스
카메라를 식당에 두고 왔습니다.	カメラを食堂に置いて来ました。 카메라오 쇼쿠도우니 오이테 키마시타
누가 제 가방을 가져 갔습니다.	誰かが私のカバンを持っていきました。 다레카가 와타시노카방오 못떼이키마시타

제 돈은 가방 안에 있습니다.	私のお金はカバンの中にあります。	와타시노오카네와 카방노나카니 아리마스
여권을 잃어버렸습니다.	パスポートをなくしてしまいました。	파스포-토오 나쿠시테시마이마시타
강도당했습니다.	強盗に遭いました。	고우토우니 아이마시타
공격받았습니다.	攻撃されました。	코우게키사레마시타
(어둠 속에서)습격당했습니다.	(暗闇で) 襲撃されました。	(쿠라야미데) 슈우게키사레마시타
저격당했습니다.	狙撃されました。	소게키사레마시타
성적 폭행을 당했습니다.	性的暴行を受けました。	세이테키보우코오 우케마시타
오해를 받아 체포되었습니다.	誤解されて逮捕されました。	고카이사레테 타이호사레마시타
이용당했습니다.	利用されました。	리요우사레마시타
미행당했습니다.	尾行されました。	비코우사레마시타
협박받았습니다.	脅迫されました。	쿄우하쿠사레마시타
사기당했습니다.	詐欺に遭いました。	사기니 아이마시타
상처 입었습니다.	怪我をしました。	케가오 시마시타
상처는 없습니다.	怪我はありません。	케가와 아리마센
피를 흘리고 있습니다.	血を流しています。	치오 나가시테이마스
돈을 도둑맞았습니다.	お金を盗まれました。	오카네오 누스마레마시타
외출 중에 누군가 방에 침입했습니다	外出中に誰かに部屋に侵入されました。	가이슈츠츄우니 다레카니 헤야니 신뉴우사레마시타

✲ 연락을 원하다　　連絡を願う　렌라쿠오 네가우

앰뷸런스를 불러 주실래요?	救急車を呼んでくれますか。	큐우큐우샤오 욘데쿠레마스카
경비원을 불러 주세요.	警備員を呼んでください。	케이비인오 욘데쿠다사이
경찰에 전화해 주세요.	警察に電話してください。	케이사츠니 덴와시테쿠다사이
경찰에 전화하겠습니다.	警察に電話します。	케이사츠니 덴와시마스
한국 대사관과 연락하고 싶습니다.	韓国大使館と連絡したいです。	칸코쿠타이시칸토 렌라쿠시타이데스

누구에게 알리면 됩니까?	誰に知らせればいいですか。	다레니 시라세레바이이데스카
카드를 무효로 해 주세요.	カードを無効にしてください。	카ー도오 무코우니시테쿠다사이
분실 증명이 필요합니다.	紛失証明が必要です。	훈시츠쇼우메이가 히츠요우데스
도난 증명이 필요합니다.	盗難証明が必要です。	토우난쇼우메이가 히츠요우데스
보험 회사에 청구할 때 필요합니다.	保険会社に請求するときに必要です。	호켄카이샤니 세이큐우스루토키니 히츠요우데스

❊❊ 고발하다　告発する 코쿠하츠스루

제 잘못이 아닙니다.	私の誤りじゃありません。	와타시노 아야마리쟈이리마센
그는 도둑입니다.	彼は泥棒です。	카레와 도로보우데스
그는 침입자입니다.	彼は侵入者です。	카레와 신뉴우샤데스
그는 가해자입니다.	彼は加害者です。	카레와 카가이샤데스
그는 사기꾼입니다.	彼は詐欺師です。	카레와 사기시데스

단 어

긴급사태 : 緊急事態 킨큐우지타이	피해 : 被害 히가이
위험 : 危険 키켄	도난신고 : 盗難申告 토우난신코쿠
사고 : 事故 지코	분실물 신고소 : 紛失物申告所 훈시츠부츠 신코쿠쇼
재해 : 災害 사이가이	분실물 : 紛失物 훈시츠부츠
화재 : 火災 카사이	손해보험 : 損害保険 손가이호켄
구급차 : 救急車 큐우큐우샤	급수 : 給水 큐우스이
경찰관 : 警察官 케이사츠칸	정전 : 停電 테이덴
경비원 : 警備員 케이비인	누수 : 漏水 로우스이
소방관 : 消防官 쇼우보우칸	고장 나다 : 故障する 코쇼우스루
구조요원 : 救急要員 큐우큐우요우인	수리 : 修理 슈우리
도난 : 盗難 토우난	수리공 : 修理工 슈우리코우
강도 : 強盗 고우토우	교체하다 : 交替する 코우타이스루
소매치기 : すり 스리